U0903651

作者简介

李娟，北京师范大学马克思主义学院教授，北京高校思想政治理论课特级教师，北京市高校马克思主义中国化学会常务理事，主要从事生态文明、中共党史研究。出版专著3部，参编国家级教材和著作12部，主持国家社科基金2项，省部级课题12项，在《马克思主义研究》《光明日报》等权威报刊发表论文80余篇，入选北京高校思想政治理论课教师“扬帆资助计划”、北京市共青团“北京市国家治理青年人才培养计划”。代表作有专著《新中国生态文明制度建设史》《绿色发展与国家竞争力》《我国生态文化建设的多维机制研究》、学术论文《十八大以来党中央绿色发展思想的基本逻辑》《中国生态文明制度建设40年的回顾与思考》《人与自然和谐共生：中国共产党现代化探索的生态自觉》等。

北京市社会科学基金项目

21世纪
生态资本论

李娟 著

山西出版传媒集团 山西教育出版社
·太原·

图书在版编目（CIP）数据

21世纪生态资本论 / 李娟著. -- 太原 : 山西教育出版社，2025.7

ISBN 978-7-5703-3893-1

Ⅰ. ①2… Ⅱ. ①李… Ⅲ. ①生态经济—研究—中国 Ⅳ. ①F124.5

中国国家版本馆CIP数据核字（2024）第086283号

21世纪生态资本论

21 SHIJI SHENGTAI ZIBEN LUN

李娟 著

选题策划 崔 璨
责任编辑 崔 璨
复　　审 刘晓露
终　　审 郭志强
装帧设计 薛 菲
印装监制 蔡 洁

出版发行 山西出版传媒集团·山西教育出版社
（太原市水西门街馒头巷7号 电话：0351-4729801 邮编：030002）
印　　装 山西人民印刷有限责任公司
开　　本 890 mm×1240 mm 1/32
印　　张 8.75
字　　数 175千字
版　　次 2025年7月第1版 2025年7月山西第1次印刷
书　　号 ISBN 978-7-5703-3893-1
定　　价 49.00元

目 录

绪 论

党的十八大以来，我国生态文明建设和生态环境保护发生了历史性、转折性、全局性变化，根本在于以习近平同志为核心的党中央坚强领导，在于习近平生态文明思想的科学指引。习近平生态文明思想是党领导人民推进生态文明建设取得的标志性、创新性、战略性重大理论成果，是习近平新时代中国特色社会主义思想的重要组成部分，科学回答了“为什么建设生态文明、建设什么样的生态文明、怎样建设生态文明”的重大时代问题，丰富和发展了马克思主义生态思想，把中国共产党对生态文明建设规律的认识提升到了一个新高度，在全面建设社会主义现代化国家的新征程上将进一步指导我国以人与自然和谐共生的现代化创造人类文明新形态。

那么，习近平生态文明思想是如何体现继承和发展了马克思主义生态观呢？在马克思主义经典著作中，生态思想主要集中在《关于费尔巴哈的提纲》《哲学的贫困》《反杜林论》《自然辩证法》《1844年经济学哲学手稿》《德意志意识形态》《资本论》及其手稿等文献中。其中，在马克思主义的集大成著作《资本论》中，关于“自然”的论述出现了500余次，蕴含了博大精深的生态思想。而且，马克思的《资本论》超越自然本身的表层意义，将自然贯穿于社会关系的现实分析中，强调人与自然的关系是人与人、人与社会关系的前提和基础，分析了资本主义制度下人与自然关系的异化现象及其社会变革路径。这种将自然界与人类社会融会贯通的独到分析正好契合了习近平总书记提出的“把生态文明建设融入经济建设、政治建设、文化建设、社会建设各方面和全过程”“全方位、全地域、全过程加强生态环境保护”等理念。笔者逐字逐句整理了《资本论》及其手稿中关于自然的内容，厘析出自然与社会生产力、自然与人的发展、自然与科学技术、自然与社会制度、自然与全球化五个方面的内容，以此建立全书框架，结合习近平总书记对这五大主题的相关论述，具体阐释习近平生态文明思想在思维方法、基本理念、实践方向等角度对《资本论》中自然观的继承和发展。这就是本书书名“21世纪生态资本论”的由来。

近年来，国内外关于《资本论》中生态思想的研究文章颇多，但是目前还没有相关专著面世，而且已有研究主要从生态经济的角度解读《资本论》的自然生产力理论，而关于《资本论》中自然对人力资本的影响、资本主义环境殖民对生态安全的影响等问题鲜有研究。因此，本书一方面可作为有关《资本论》的生态思想的专门论著，帮助广大读者从诸多新角度重新认识和理解《资本论》；另一方面，作者结合古巴比伦文明、楼兰文明等古文明消失的历史教训，以及气候变化、国家公园等人们日常生活比较关注的生态环境事件，尽量史论结合、例论结合，用通俗易懂的语言边叙边议，促使人们切身体会新时代以来中国共产党高度重视生态文明建设的初心使命，促使社会公众真心认同和深刻理解“绿水青山就是金山银山”“良好生态环境是最普惠的民生福祉”“山水林田湖草沙是生命共同体”“用最严格的制度、最严密的法治保护生态环境”“携手共建生态良好的地球美好家园”等理念，促进全社会形成新的发展观、新的政绩观和新的生产生活方式，全面推进美丽中国建设，加快推进人与自然和谐共生的现代化。此即本书的创作目的所在。

第一章

绿水青山就是金山银山

“绿水青山就是金山银山”是习近平生态文明思想最为著名的科学论断之一。习近平指出，“良好生态本身蕴含着无穷的经济价值，能够源源不断创造综合效益”，“我们既要绿水青山，也要金山银山。宁要绿水青山，不要金山银山，而且绿水青山就是金山银山”[①]。“两山论”是习近平对马克思自然生产力理论的继承和发展，也是习近平几十年主政地方处理经济发展与环境保护关系的经验总结和思想结晶，同时还是习近平以大

① 《习近平关于社会主义生态文明建设论述摘编》，北京：中央文献出版社2017年版，第21页。

历史视角透视人类文明兴衰史的规律提炼。党的十八大以来，在“两山论”的理念指导下，各地充分发掘和利用当地自然生态条件，将“靠山吃山、靠水吃水”变为“养山吃山、养水吃水”，“绿水青山”转化“金山银山”，取得了显著成效。人们从绿水青山中尝到实实在在的甜头，生态优先、绿色发展成为社会共识和自觉行动。在中国特色社会主义进入新时代，人们对干净的水、清新的空气、放心的食品、休闲的自然风光等优质生态产品的要求越来越高、需求越来越强烈，绿水青山还将具有更多更大的潜力和价值。

一、自然是“财富之母”

对财富的追求是人类生产劳动的原初驱动力，人类创造财富的能力即生产力。人类社会的发展史既是一部不断创造、占有和消费财富的历史，也是人们创造财富的能力不断深化和提高的历史。自然界在人类财富创造和生产力发展中起着不可替代的基础性作用。

（一）人类难为无“自然”之创造

马克思在《资本论》开篇开宗明义，商品是社会财富的微观细胞，要弄清楚资本主义社会财富积累的秘密，首先就要从分析商品这个小细胞入手。一个非常直观的事实是，任何商品都是人类有目的地将某种自然物质改造而成。也就是说，商品的产生必须要有两个条件：一是自然物质，二是人类劳动，两者缺一不可。其中，自然物质是不以人的意志为转移的天然存在的基质，是人类劳动的基本前提，正如“巧妇难为无米之炊”，如果没有自然界为劳动者提供劳动对象、劳动资料和劳动场所，人类就什么都不能创造。简而言之，没有自然材料，用什么制造商品？没有自然材料，人的劳动能力就是屠龙之术，去哪里能找到用武之地？“没有自然界，没有感性的外部世界，工人什么也不能创造。自然界是工人的劳动得以实现、工人的劳动在其中活动、工人的劳动从中生产出和借以生产出自己的产品的材料。”①

由此可见，人类劳动只不过是改变物质的具体形态而已，人类社会的任何商品都不是真正的新创造，而只是物质的形态变化，如土地、空气、水和种子在田地上变成小麦，或者昆虫的分泌物经过人的手变成丝绸，或者一些金属片被装配成钟表，或者研究人员利用自然原料制造出一种地球上不存在的材料等，都是这样。所以，马克思在《资本论》中得出这样的结论，“劳动并

① 《马克思恩格斯文集》第1卷，北京：人民出版社2009年版，第158页。

不是它所生产的使用价值即物质财富的唯一源泉”[①]，劳动和自然界一起才是一切财富的源泉，自然界为劳动提供材料，劳动把材料转变为财富。为了让读者更明白这个道理，马克思将之形象地表达为，“劳动是财富之父，土地是财富之母”[②]，劳动只有与自然资源结合才能衍生出商品这个新生物，财富的真正孕育者是土地、森林等自然界。将自然界比喻成人类财富的母亲，无疑是对自然价值的最高赞扬和推崇。

（二）自然生产力是社会生产力的基石

生产力的发展是推动社会进步的根本动力。很长一段时间以来，我们都将生产力片面地理解为社会生产力，也就是人的劳动能力，如“生产力是指人们征服和改造自然的客观物质力量”，“生产力是人类创造新财富的能力”，这种单方面强调人的生产能力的概念定义，在《辞海》及几部有影响的哲学辞典中都可以见到。科学意义的生产力应该是社会生产力和自然生产力有机结合的整体。

马克思在《资本论》中指出：“生产力是由多种情况决定的，其中包括：工人的平均熟练程度，科学的发

① 《马克思恩格斯文集》第5卷，北京：人民出版社2009年版，第56页。

② 《马克思恩格斯文集》第5卷，北京：人民出版社2009年版，第56、57页。

展水平和它在工艺上应用的程度，生产过程的社会结合，生产资料的规模和效能，以及自然条件。”[①]马克思将自然条件有助于推动生产力发展的能力称为“自然生产力”。自然条件分为两类，一类是生活资料的自然富源，如肥沃的土壤、渔产丰富的水域等；另一类是劳动资料的自然富源，如奔腾的瀑布、可以航行的河道、森林、金属、煤炭等。相应的，自然生产力就体现为生活资料的自然生产力和劳动资料的自然生产力两个方面。

1．生活资料的自然生产力

早期的人类主要以采野果和打猎为生，劳动以占有和生产食物为目的。由于社会生产力水平低下，我们的祖先们常常过着食不果腹、衣不遮体的艰难生活，还时常面临着野生动物侵害的危险，他们仅仅是活着，就已经拼尽全力。然而，在一些自然条件较好的地区，人们则无须艰苦劳动就能较好生存，因为当地自然环境已经提供了足够的生活资料，不需要人们终日为生存而拼命奔波。比如，东亚一些岛屿上长着繁多的西米树，岛民只需在西米树上钻个孔，取出树髓，再掺水和过滤，就能得到完全可以食用的西米粉，森林提供了现成的“面包”。这种自然的恩惠使得当地人在为获取生活资料所

① 《马克思恩格斯文集》第5卷，北京：人民出版社2009年版，第53页。

花费的简单劳动之外，还有大量闲暇时间去观察、思考和创新，如利用自然物制造弓箭、石刀、独木舟之类的工具。生产工具的进步是生产力发展的决定性因素，因而他们可以运用这些工具获得更多鱼类、野果，以及其他动物等丰富的生活资料，如此形成“物产丰富——剩余劳动增加——生产工具改进——生产力提高——获得更加丰富物产”的良性循环。这就是剩余劳动的自然基础，如果某个地方的自然环境无法给人们的生存提供足够的生活资源，这个社会就很难向前发展。

一般而言，自然素质与社会生产力存在正向关系，即自然素质越好，生产力的主客观条件就越充足，财富就越容易创造。马克思说，“自然力……是特别高的劳动生产力的自然基础”[①]。比如，土地肥力差别造成同量劳动收成不等量的土地产品，在肥沃的土地上，同一劳动量每年收成八蒲式耳小麦，在贫瘠的土地上只产出四蒲式耳，甚至在最肥沃的黑土地上，无须施用肥料，只要进行粗放耕作，也能长期获得收成。再比如，同一劳动量在干旱年份和雨水充沛年份的农作物收成相差甚大。相反，自然条件越是不利，可供劳动发挥的范围就越局限，财富创造就越困难。马克思以俄国为例，俄国

① 《马克思恩格斯文集》第7卷，北京：人民出版社2009年版，第728页。

北部的冬天漫长而寒冷，以至于5000万人在冬季的六个月或八个月中无法从事田间劳动，可以想象，俄国将会遭受多么大的经济损失。

2. 劳动资料的自然生产力

马克思认为，在社会发展的较高阶段，劳动资料的自然富源如瀑布、河流、森林、金属、煤炭等更加具有决定性的意义，这种决定性意义体现在资本主义生产的全过程中，表现为资本的自然丰度，并且是决定利润率的关键要素。

首先，从原料成本角度而言，铁、煤炭、木材等自然资源不仅是制造机器工具等固定资本的必需原料，也是机器使用过程中辅助材料、半成品等生产材料的必需原料，属于生产成本的范畴。我们知道，利润率等于利润除以成本，原料成本越低，利润率就越高。森林、金属、煤炭等资源的丰裕程度在市场上直接影响供求关系，自然资源越丰富，资源价格越低，生产成本就越低，利润率就越高。所以，资本家总是根据当地的资源状况来安排经济建设，确定产业的结构、规模和地理布局，因为可以更加便宜地获得生产原料。马克思在《资本论》中总结指出，生态资源是社会分工的自然基础，“资本的祖国不是草木繁茂的热带，而是温带。不是土壤的绝对肥力，而是它的差异性和它的自然产品的多样性，形成社会分工的自然基础，并且通过人所处的自然环境的变化，促使它们自己的需要、能力、劳动资料和劳动方式趋于多样化”[①]。事实正是如此，我们只有在良田广阔的地方才可能建成商品粮基地，在水力资源丰富的地区才可能建成大型水电站。澳大利亚发达的畜牧业依赖于其辽阔的草原和肥沃的土地，加拿大木材加工业的多元发展倚仗其丰富的森林资源。

其次，从生产过程来看，就像人呼吸需要肺一样，人类在改变物质形态的劳动中必须依靠自然力的帮助。巧妙地利用这种自然力是人类产业史发展的重要主线，纺织机器依靠风能转动，发电机利用水位落差产生的势能发电，即使是今天高度精密的机器设备仍然必须考虑自然动力因素。用于生产过程的自然力如蒸汽、水、风等是自然存在的，它的产生不需要任何人类劳动，这意味着资本家不需要为自然力付出人力成本，就可以或者延长对这种自然力的使用时间，或者增加对这种自然力的利用强度，从而增加商品生产的数量，最终体现为资本家利润的增长。马克思说，这些水能、风能、太阳能等提供无偿服务的巨大自然力被自然科学并入机器生产过程，同社会劳动一道构成“主人”的权力，推动资本

① 《马克思恩格斯文集》第5卷，北京：人民出版社2009年版，第587页。

主义工业的发展。

最后，从利润的形式而言，自然力不像机器那样，可以让一切资本在任何地方都自由支配，诸如肥沃的土地、瀑布之类的自然条件是有限存在的，只存在于自然界的某些地方，只有那些占有着特殊地段的人才能支配它。这种不能由人创造的得天独厚的自然条件，在它的占有者手中就形成一种自然垄断，并依靠自然优势在同一劳动时间内产出更多使用价值，超额利润由此产生。如果某个资本家要获得这个有利于提高生产力的独特自然条件，就必须额外付费，体现为对一定生产资料的价值补偿。这就是地租的起源，确切地说，是级差地租的起源，其实质是便利条件的土地所有者租给意图获得超额利润的资本家使用自然力的价格，这即是马克思《资本论》第三卷阐释的超额利润转化为地租的过程。至于地租多少，则依据各种自然力能够产出的生产力高低（如土地的肥力）而定。

综上所述，马克思在《资本论》中提出，人类社会生产力的发展是人和自然共同发挥作用的结果，生产是自然生产与社会生产的统一，生产力是自然生产力和社会生产力的统一，自然生产力和社会生产力相互交织、相互依存，共同构成生产力发展的整个过程。习近平所说的“绿水青山”就是自然生产力，“绿水青山就是金山银山”揭示了保护生态环境就是保护生产力、改善生态环境就是发展生产力的道理。将生态环境作为生产力的内生变量，纠正了传统生产力概念的片面性，是对生产力的完整科学认识。因此，“绿水青山就是金山银山”是习近平对马克思自然生产力理论的继承和发展，用生动形象的中国式表达揭示了生态环境与经济发展之间的内在一致性，鲜活地概括了具有中国气派、中国风格和中国话语特色的绿色发展内涵，是中国化马克思主义理论的光辉典范。

二、自然环境如何影响人类文明的兴衰

如果说马克思的自然生产力理论从逻辑演绎的角度奠定了“绿水青山就是金山银山”的理论基础，那么人类文明发展的宏大历史图景则以大量丰富的史实从另一条道路证明了“绿水青山就是金山银山”的科学性。习近平指出，“历史地看，生态兴则文明兴，生态衰则文明衰。古今中外，这方面的事例众多”[①]，“在人类发展史上特别是工业化进程中，曾发生过大量破坏自然资源和生态环境的事件，酿成惨痛教训。……古今中外的

① 《习近平关于社会主义生态文明建设论述摘编》，北京：中央文献出版社2017年版，第6页。

这些深刻教训，一定要认真吸取，不能再在我们手上重犯”[①]。“生态兴则文明兴，生态衰则文明衰”既是习近平对人类文明变迁的总结，也是对当今世界的未来观照，体现出广阔的历史视野和深厚的人文关怀。

（一）生态兴则文明兴

文明是人类社会特有的文化的结晶。良好的生态环境是人类文明形成和发展的基础和条件。1972年《联合国人类环境宣言》开篇即语：“环境给予人以维持生存的东西，并给他提供了在智力、道德、社会和精神等方面获得发展的机会。”[②]从四大文明古国到今天世界上最发达的经济体美国，无不得益于水量丰沛、森林茂密、田野肥沃的优越的生态环境。正是先有“生态兴”，勤劳智慧的人民才得以在此基础上创造出闻名世界的繁荣胜景和灿烂文化，即“文明兴”。

1. 得天独厚的自然条件与美国崛起

目前，美国是世界上最发达的经济体。从1776年独立算起，美国至今才有240多年历史。但是，它却由一个人口不足300万，面积仅有89万平方千米，在原英属北美13个殖民地基础上建立起来的弱小的农业国家，发

① 《习近平关于社会主义生态文明建设论述摘编》，北京：中央文献出版社2017年版，第13页。

② 《斯德哥尔摩人类环境宣言》，《世界环境》1983年第4期。

展成为一个拥有937万余平方千米土地，人口超3亿，国内生产总值约21万亿美元，占世界生产总值约四分之一的超级大国。创新性、扩张性、包容性等特点固然是影响美国发展进程的关键要素，但得天独厚的自然地理条件也是美国迅速发展的重要原因。世界著名政治家、新加坡国父李光耀在《李光耀论中国与世界》一书中，特别强调了以下观点："美国人相信他们的理念具有普世价值，比如个体至上的理论，无拘无束的言论自由。其实并非如此，过去不是，现在也不是。实际上，美国社会之所以能在这么长的时间内维持繁荣，并不是这些理念和原则的功劳，而是因为某种地缘政治意义上的运气、充足的资源、大批移民注入的能量，来自欧洲的充裕的资本和技术，以及两大洋使美国免受世界冲突的影响。"[①]在这里，李光耀指出的"某种地缘政治意义上的运气，充足的资源"，"以及两大洋使美国免受世界冲突的影响"，都直接点明了美国得天独厚的自然地理条件赋予美国的"天然恩惠"。

首先，美国的土地资源十分丰富，其耕地面积占世界总耕地面积的12%，由于其耕地多为广阔的平原，非常适宜机械化作业。同时，美国大陆本土地处亚热带和

① 李光耀：《李光耀论中国与世界》，北京：中信出版社2013年版，第50页。

温带，大部分地区气候温和，雨量充沛，适合农业生产的发展。如小麦的生长需要25厘米—115厘米的年降水量，美国的年均降水量为67.6厘米，可谓恰到好处。

其次，美国的矿产资源十分丰富，拥有经济发展所需的几乎所有矿藏。其中煤炭储量达35996亿吨，主要集中在宾夕法尼亚州和密西西比河流域等地。其矿区总面积达130万平方千米，占全国土地面积的13%。这就意味着，美国$\frac{1}{8}$多的土地下都蕴藏着煤。石油储量约240亿吨，主要集中在加利福尼亚州、得克萨斯州等地。1970年时，其原油产量占世界原油产量的21%；1987年时，其原油产量仍占世界原油产量的15%，居世界第三位。天然气储量也极为丰富，约56334亿立方米，在20世纪七八十年代，其产量居世界首位。而关于铁的含量，几乎在美国所有的州都可以找到铁矿。苏必利尔湖地区的储量最为丰富，其产量约占全国总产量的$\frac{3}{4}$。铜、铅、锌、钼、镁、钨、硫黄、钾盐、磷酸盐等的储量也居世界前列。如1970年，美国钼和镁的产量分别占世界总产量的61%和46%。1929年时，美国铜、钨的产量曾占世界产量的$\frac{1}{3}$。美国政府称，“几乎没有任何别的国家能够比得上或者接近于美国金属矿和矿物燃料的储量和多样性。丰富的矿藏对促进美国巨大的制造业和工业综合体的发展起到了关键性作用”[①]。

再次，美国的木材资源、水力资源也很丰富。全国森林面积约7.54亿英亩，覆盖率达33%，主要树种为白杉、云杉、胡桃、橡树、槭树、绿柏、黄松、落叶松、柏树等可供商业性开采的树木。全国江河湖泊遍布，被称为“众河之父”的密西西比河，其干流和支流的流域面积达322.2万平方公里，不仅为流域农业灌溉提供了充足的水源，而且成为发电的重要动力和运输的重要通道，通航里程达2万多公里，是世界内河航运最发达的水系之一。

最后，地形特点也给美国发展带来了便利。美国地处西半球，三面环海，近邻无强国。汹涌的大西洋和浩瀚的太平洋又为美国树起了两道天然屏障，以阻止东半球强国的入侵。同时，美国所处的纬度使它在长达22680公里的海岸线上拥有充足的不冻港，既可用于商业运输，也可作为海军基地，进攻退守，进退自如。美国国务院国际信息局认为：“广阔的内陆低地地区这个特点对美国经济和殖民历史产生过很多重大影响。除了它提供的巨大的农业潜能外，人们迁徙穿越整整半个国家，也不会遇到严重的地形障碍。这促进了该地区和远

① 美国国务院国际信息局编：《美国地理概况》（英汉对照），沈阳：辽宁教育出版社2003年版，第55页。

西部地区融入国家经济结构之中。”①

其他国家则没有美国那样的自然地理“运气”，比如，俄罗斯相当一部分领土属于寒带气候，冻原和沙漠占地广大；中国平原少，山地多，耕地仅占国土资源的13.5%，且按人均计算，许多自然资源都相对短缺。1801年，美国第三任总统托马斯·杰斐逊在就职演说中自豪地宣称：“我们天赐良邦，其幅员足以容纳子孙万代。”而当时，美国的国土面积尚只有现今版图的$\frac{1}{3}$。

恩格斯曾盛赞美国自然条件之优越，“美国有取之不尽的资源，有巨量的煤铁蕴藏，有无比丰富的水力和通航的河流”，②“美国拥有任何一个欧洲国家所没有的大量资源和优越条件”。③我国清末民初驻美国公使伍廷芳曾说：“致使伟大的美利坚合众国繁荣的主要原因之一是其自然资源。可以这么说，在这里大自然似乎提供了人类所需要的一切。”④

法国政治思想家托克维尔还从自然地理条件对于美

① 美国国务院国际信息局编:《美国地理概况》(英汉对照)，沈阳:辽宁教育出版社2003年版，第25页。

② 《马克思恩格斯文集》第1卷，北京:人民出版社2009年版，第495页。

③ 《马克思恩格斯文集》第4卷，北京:人民出版社2009年版，第338页。

④ 伍廷芳:《美国人的气质——美国何以如此繁荣》，北京:中国青年出版社2012年版，第54页。

国政体的影响，阐明了自己的独到见解。在《论美国的民主》中，托克维尔说，“上帝为美国人安排的独特的、幸福的地理环境”，使“美国人生而有幸和生得其所——美国地广人稀”。联邦制为什么没有扩展到所有国家而在美国采用？美国为什么面对欧洲几个强大军事君主国而敢于在各州分权？因为“有许许多多不以人们的意志为转移的环境条件，使美国容易实行民主共和制度”。“美国的大幸不在于它有一部可以使它顶得住大战的联邦宪法，而在于它处在一个不会发生使它害怕的战争的地理位置”，“不用担心大战、金融危机、入侵和被人征服”。所以，托克维尔的一个基本结论是：美国“联邦制的建立和保持，主要应当归功于国家的地理环境”[①]。托克维尔生活在19世纪的欧洲，并未经历过20世纪的两次世界大战，就有如此的见解。如果他生活于20世纪，对于美国的“运气”，可能会发出更为强烈的感慨。

当然，我们不是鼓吹环境决定论，自然生态环境不是决定人类文明的唯一原因，但却是影响人类文明的重要因素。只有具备良好的自然生态环境条件，文明创新才有更多机会，文明成果才能得到不断延续、传承并繁荣昌盛。

① ［法］托克维尔：《论美国的民主》（上卷），董果良译，北京：商务印书馆1989年版，第182、189–192、320、321页。

2. 文明为什么起源于大河流域?

纵观人类早期古文明的起源，在底格里斯河与幼发拉底河之间的平原，形成了古巴比伦文明；尼罗河两岸出现了古埃及文明；印度文明出现在印度河流域；中华文明最早出现在黄河流域。这四大古国文明的发祥地具有共同特点，即无一例外都孕育于大河流域。这绝非偶然，河流里生长着无数的鱼类资源，河流两岸森林茂密、物种丰富，可提供多样性的食物，有利于人类骨骼生长和大脑发育；河流流域尤其是中下游地区，会产生大冲积平原，这里地势平坦广阔，再加上河流将上游的泥沙冲击到此，带来大量肥沃土壤，有利于农业的发展；河流附近气候温润、空气清新，有利于人类的繁衍生息；河流地区还可以提供交通、防御等方面的便利因素。这些得天独厚的地理优势，使得流域附近成为人类最早的聚居地区，逐渐产生国家和城市，形成人类早期文明。

人类早期文明的巅峰标志——古埃及文明就是优越自然条件释放出剩余劳动的结晶。在遥远的古代，当原始人群在陆地上往来寻找适当的居处时，有人发现了尼罗河流域这一片富饶肥沃的土地。尼罗河每年的6月中旬至10月定期泛滥，不仅使河流沿岸的土地得到灌溉，而且河水把上游的泥土和植物残骸带下来，在两岸沉淀形成一层肥沃的黑土，非常适合谷物的栽培，于是长期游牧的先祖们在此定居。尼罗河的天时地利使得埃及人享有丰裕的食物资源和温暖的气候，马克思在《资本论》中惊叹，“他们抚养子女所花的力气和费用少得简直令人难以相信”[①]，人口成长的必要生活资料如此便宜易得，不仅使得埃及人口迅速繁殖，还能富裕大量剩余产品得以供养有专门技能的闲暇阶层从事别的劳动。比如，尼罗河三角洲盛产芦苇，古埃及人将芦苇草茎的外皮剥去，用锋利的刀具顺着生长方向切割成长条，并横竖互放，用木槌击打，使草汁渗出，干燥后，这些长条就永久地粘在一起，最后用浮石擦亮，即创造了当时最先进的书写载体——莎草纸，比我国蔡伦发明的纸还早一千多年，成为后世学者研究古埃及文明的重要文献。古埃及人还用芦苇捆绑制作芦苇船出海，为古埃及文明走向世界起到了至关重要的作用。宏伟建筑金字塔也是在剩余产品供养了丰富的人力资源条件下兴建而成。无怪乎历史学家称埃及文明是“尼罗河的赠礼”。马克思在《资本论》中总结：“绝对必须满足的自然需要的数量越少，土壤自然肥力越大，气候越好，维持和再生产生产者所必需的劳动时间就越少。因而，生产者

① 《马克思恩格斯文集》第5卷，北京：人民出版社2009年版，第586页。

在为自己从事的劳动之外来为别人提供的剩余劳动就可以越多。”[①]人工创造越是细致与精致，文化就越是繁荣与充满想象力，社会文明也就越是发达和先进。

华夏文明亦发源于气候温和、水文条件优越的黄河流域，所以黄河被称为我国的“母亲河”。欧洲中世纪文明成果在一定程度上也得益于自然和气候条件。大约公元900年至1300年，欧洲气候变得极为适宜，持续温暖的气候使得粮食供应充足，欧洲人口增长了50%，产生了大量劳动力，欧洲许多著名建筑如城堡、大教堂都始建于这个时期。例如，公元1163年开始建造巴黎圣母院，公元1248年开始建造科隆大教堂。

（二）生态衰则文明衰

水可载舟，亦可覆舟。得天独厚的自然生态环境孕育了人类灿烂的文明，而环境的变迁和恶化也威胁着人类的生存和文明的延续。恩格斯在《自然辩证法》中写道：“美索不达米亚、希腊、小亚细亚以及其他各地的居民，为了得到耕地，毁灭了森林，但是他们做梦也想不到，这些地方今天竟因此而成为不毛之地，因为他们使这些地方失去了森林，也就失去了水分的积聚中心和

① 《马克思恩格斯文集》第5卷，北京：人民出版社2009年版，第586页。

贮藏库。阿尔卑斯山的意大利人，当他们在山南坡把那些在山北坡得到精心保护的枞树林砍光用尽时，没有预料到，这样一来，他们把本地区的高山畜牧业的根基毁掉了；他们更没有预料到，他们这样做，竟使山泉在一年中的大部分时间内枯竭了，同时在雨季又使更加凶猛的洪水倾泻到平原上。”据此，恩格斯警告人类：“我们不要过分陶醉于我们人类对自然界的胜利。对于每一次这样的胜利，自然界都对我们进行报复。每一次胜利，起初确实取得了我们预期的结果，但是往后和再往后却发生完全不同的、出乎预料的影响，常常把最初的结果又消除了。”[①]古代文明的衰亡史以及现代文明面临的生存危机都证明了“自然的报复”。

1. 古文明衰亡与“自然的报复”

璀璨的古文明是如何消失的？这个神秘现象引起了考古学家、史学家等学者的浓厚兴趣。美国著名考古学教授布莱恩·费根在《世界史前史》和《大暖化》中，旗帜鲜明地指出生态环境恶化导致了古文明的衰亡，而生态环境的恶化跟人的活动不无关系。英国史学家汤因比在《人类与大地母亲》的著作中从自然环境的角度对世界历史进行了全景式考察，展示了人类文明的起源、

① 《马克思恩格斯文集》第9卷，北京：人民出版社2009年版，第559、560页。

发展、融合、衰亡与大自然的相互关系。英国学者克莱夫·庞廷以自然环境史为主线，描述了一幅环境变迁与伟大文明衰落的世界历史图景。

公元前3000年左右，苏美尔文明诞生于两河流域中间的美索不达米亚平原，那里的气候适宜谷物种植，并且由于地理的天然优势，灌溉技术在苏美尔地区被广泛应用。地表淡水与土地深处的含盐水本来是有一定距离的，但为了维持和供养不断庞大的社会结构，苏美尔人也在不断开垦耕地，过度引水灌溉，使得土壤含盐量剧增。考古文献记载，苏美尔地区土地盐碱化数据以逐年增高的趋势迅速发展着，最终土地变白，达到无法种植农作物的程度。苏美尔的政治历史和它的城邦紧随着农业基础的崩溃而结束。

玛雅文明崛起在茂密的热带雨林之中，建立在玉米农业的根基之上。玛雅人采用一种极其原始的耕作法：他们先把树木砍光，并在雨季到来之前放火焚毁，以草木灰作肥料，覆盖住贫瘠的雨林土壤。烧一次种一茬，其后要休耕几年，待草木长得比较茂盛之后再烧再种。当文明繁盛、人口迅速增长时，农业的压力也越来越大，人们不断地毁林开荒，同时把休耕时间尽量缩短，结果土壤肥力下降，玉米产量减少。经济作物品种单一以及人口压力的增长而造成的粮食缺乏，最终导致玛雅文明的衰亡。

楼兰文明的衰亡亦是如此。新疆塔里木盆地的塔克拉玛干沙漠南部，曾是中国历史上最发达的地区之一。那里曾经森林茂密、草原广阔、水草丰美，早在新石器时代就出现了灌溉农业；公元前2世纪张骞出使西域时，看到不少沙漠中的城郭和农田；到了唐代，农业文明更是繁盛，《大唐西域记》详细记载了焉耆、龟兹、莎车、于田等地的盛况。但土地的过度开垦、水资源的不合理利用、天然植被的破坏以及频繁战争等人为因素，加剧了土地盐渍化、水资源耗竭、森林退化和生态失衡，随之而来的是湖泊锐减、草场退化、沙漠化加剧、鼠害泛滥，自然环境和生态系统无法承载人类的经济活动，社会结构逐渐瓦解。如今沿昔日繁华的丝绸之路，古代的大片良田和绿洲已沦为不毛之地，古城废墟历历在目，浩瀚的罗布泊早已干涸，楼兰文明湮灭于荒漠中。

因生态环境破坏而受到自然“报复”的还有古埃及文明、古印度文明等。曾经辉煌的上古文明最终只是昙花一现，多少金碧辉煌的宫殿废弃在荒烟蔓草之中，多少繁华鼎沸的城市掩埋在黑土黄沙之下。当考古学家把早已被遗忘的古文明史一页页再现出来时，他们几乎不敢相信，建筑、雕塑、绘画所有这些栩栩如生的艺术在这片疯长的树林或荒芜的沙漠中繁荣过，他们既为前人的丰功伟绩而赞叹，同时也莫不对一个个古文明的相继淹没而扼腕叹息。“美、雄心、荣耀，曾经生存过，又流逝而去，没有人知道这样的事情曾经有过，也无法讲述它们过去的存在”①。

2. 现代文明的生态危机

自然的报复不仅发生在遥远的古代，也在现代社会重演。自第一次工业革命开始，人类文明进入以工业文明为特征的现代文明阶段。机器技术的变革使社会生产力迎来了飞速发展，特别是第二次世界大战以来，高新技术层出不穷，科学技术转化为直接生产力的速度进一步加快，现代工业文明达到鼎盛，“人类在传统生存方式上的工业生产和经济增长率达到最高点；资源开发利用的数量和人口增长率达到最高点；发达国家进入所谓高消费社会，过度消费达到空前高水平的鼎盛时期”②。

20世纪以来的时期是人类文明高度发达的时期，但也是地球生态环境和自然资源遭到破坏最为严重的时期。一方面，水土资源严重污染，森林、矿产资源急剧减少；另一方面，工业和生活废弃物呈几何级增长。以

① ［英］克莱夫·庞廷：《绿色世界史——环境与伟大文明的衰落》，王毅译，北京：中国政法大学出版社2015年版，第69页。

② 余谋昌：《文化新世纪》，哈尔滨：东北林业大学出版社1996年版，第25页。

技术和理性为特征的现代文明逐渐导致十大生态环境问题：气候变暖、臭氧层破坏、生物多样性减少、酸雨蔓延、森林锐减、土地荒漠化、大气污染、水体污染、海洋污染、固体废物污染。这些环境问题造成的灾难已经超出了地域、国家、民族的界限，成为威胁人类生存和发展的全球性问题。1992年，1575名世界顶级科学家签署发表了《世界科学家对人类的警告》，这份声明指出："人类的活动给环境主要资源造成了严重的、经常是无可挽回的破坏。如果不加以遏制，我们的许多行为将使我们所期待的未来人类社会和动植物世界处于危险的境地，将大大地改变这个生命家园，致使它不再像我们熟悉的那样维持生命。"[①]美国学者沃尔说："生态危机是我们时代的重要特征，标示着人类历史发展到了最关键的时刻，因为生态危机把历史抛弃在了审判席上，并威胁要终结它。"[②]这绝非危言耸听。

以气候变暖为例，工业革命以来，现代工业大量燃烧煤、石油、天然气，向空气中排放二氧化碳日益增多，导致温室效应，使得全球气温上升了1℃。气候的

① 刘守义：《资本主义生产方式的生态缺陷及其生态风险》，《郑州大学学报·哲学社会科学版》2015年第3期。

② 贾学军：《现代工业文明与全球生态危机的根源》，《生态经济》2013年第1期。

这一微小变化对地球产生的影响是巨大的。科学家研究发现，气温每升高1℃，空气可以增加容纳7%的水，这意味着，更热的大气里可以容纳更多的水分，雨水变得更多，也就导致了更多的洪涝灾害；更热的大气聚集了更多的能量，暴风雨也更加剧烈；更热的天气使得水分蒸发得更快了，干旱也会更严重；由于气候异常干燥温暖，森林火灾也持续上升。从长远来看，气候变暖使得海平面上升，一些国家的低海拔地区将被淹没，尤其是一些小岛国，其国土甚至会完全消失。比如，从2001—2010年，海水已经侵蚀了南太平洋岛国图瓦卢1%的土地，专家预言，如果生态环境继续恶化，在50年之内图瓦卢将全部没入海中，在世界地图上永远消失。①

从近期来看，全球变暖显著增加了极端自然灾害发生的频率和强度，使得人类社会的经济损失越来越大。比如，1994年5月在日本横滨召开的世界减灾大会上，公布了一批关于全球自然灾害频度以及造成死亡、受害和直接经济损失的统计数据，从1965—1992年记录到的死亡大于10人、受伤大于100人的灾害事件达4653件，共死亡361万人，受害30.08亿人次，直接经济损失达3400亿美元。到20世纪90年代，自然灾害的破坏变得

① 马小军等：《国际战略格局转变中的能源与气候问题研究》，北京：人民出版社2018年版，第535页。

更为严重，同25年前相比，1990—1992年频度增加了3.2倍，每年受伤和死亡人数分别增加5.2倍和6.9倍，年直接经济损失增长38倍。1990—1992年，全世界国民生产总值的0.2%因自然灾害而损失[①]。联合国国际减灾战略（UNISDR）2018年10月10日发布报告称，1998年到2017年的20年间，全球重大自然灾害有7255件，给全球造成的经济损失达29080亿美元，比上一个20年增加2.2倍，洪水和暴风是频繁发生的两大灾害[②]。由于许多国家，特别是低收入国家受损不明，UNISDR认为，实际的损失可能要大得多，而且受温室效应影响，全球气象异常可能会持续恶化，世界经济所受到的负面影响也将进一步扩大。发展成果常常被一场突如其来的泥石流或者洪水瞬间吞噬，将以前的努力销毁殆尽，这正是恩格斯所说的："把最初的结果又消除了。"

我国也深受气候变化带来的极端自然灾害的影响。以沙尘暴为例，近几十年来，我国西北、华北地区的沙尘暴天气愈演愈烈，如20世纪60年代出现了8次，70年代则为13次，90年代至今则达到20多次。更为严重的是，2000年3、4月短时间内，竟连续发生了12次，

① 《近30年来世界灾害经济损失增加了30倍》，《灾害学》1995年第3期。

② 屈腾飞：《联合国报告：过去20年自然灾害共造成约2.9万亿美元经济损失》，中国网2018年10月11日，http：//news.china.com.cn/live/2018-10/11/content_208230.htm

其中8次袭击了首都北京。2002年3月，北京爆发了近162年来最为严重的沙尘暴灾害。国内学者胡鞍钢的研究表明，从1978年至1995年，我国自然灾害损失以年均3.1%的速率递增。全国因自然灾害造成的直接经济损失占每年新增GDP的比重较大，1998年，受长江洪水的主要影响，全国因自然灾害造成的直接经济损失占当年新增GDP的比重高达62.9%[①]，也就是说，当年创造的经济成果被洪水摧毁了一大半。21世纪以来，我国平均每年因自然灾害造成的直接经济损失超过3000亿元，每年自然灾害的波及人数多达3亿人次。[②]

21世纪之初，面对生态恶化对人类社会深刻而显著的影响，越来越多的由人类破坏自然而受到自然报复的灾难片相继出品。例如，在电影《末日崩塌》中，地球核心的异常运动导致了一系列自然灾害，如地震、海啸和火山喷发等，最终威胁到了整个人类社会的存亡；影片《后天》逼真地展现了由于温室效应，地球陷入第二次冰河时代的画面；科幻电影《灭顶之灾》讲述了大自然母亲已经对我们污染环境的行为忍无可忍，决定把人

① 胡鞍钢、门洪华：《绿色发展与绿色崛起——关于中国发展道路的探讨》，《中共天津市委党校学报》2005年第1期。

② 洪向华：《领导干部治理能力十讲》，北京：人民出版社2020年版，第114页。

类赶出地球，于是，一种无形的神经毒素被释放到空气中，导致人类不断自杀；斯皮尔伯格的《大白鲨》《侏罗纪公园》等动物入侵人类的影片，也蕴含了一种不尊重生态平衡、滥用科技手段破坏生态系统而遭到动物对人类的反抗的寓意。这类灾难片不但可以使观众感受到震撼人心的画面，同时让人们领悟到在大自然面前，人类的一切科技和手段都显得那么无力和苍白。

历史是最好的教科书，我们能够往以前看多远，我们就能往未来看多远。回顾人类文明发展史，习近平指出："人类发展活动必须尊重自然、顺应自然、保护自然，否则就会遭到大自然的报复，这个规律谁也无法抗拒"[①]，"人因自然而生，人与自然是一种共生关系，对自然的伤害最终会伤及人类自身。只有尊重自然规律，才能有效防止在开发利用自然上走弯路。这个道理要铭记于心、落实于行"[②]。因此，为了中华民族的永续发展，我们必须把生态文明建设放在更加突出的重要位置，"生态环境保护是功在当代、利在千秋的事业"，

① 《习近平关于社会主义生态文明建设论述摘编》，北京：中央文献出版社2017年版，第32页。

② 《习近平关于社会主义生态文明建设论述摘编》，北京：中央文献出版社2017年版，第11页。

“建设生态文明，关系人民福祉，关乎民族未来”[①]，这是“生态兴则文明兴、生态衰则文明衰”历史规律带给我们的深刻现实启示。

三、“两山论”溯源与发展

理念是实践的产物，同时又引导着实践的发展。“绿水青山就是金山银山”理念的形成，与习近平长期扎根基层、始终保持与人民群众密切联系的品格是分不开的。早自陕西梁家河知青岁月起，至21世纪初主政浙江、上海，习近平在全国各个行政层级、在发达地区和落后地区都有过工作经历，对经济发展和环境保护的关系有切身体会，积累了发展绿色经济的丰富经验，这是“绿水青山就是金山银山”理念形成的重要实践基础。习近平说：“我对生态环境工作历来看得很重，在正定、厦门、宁德、福建、浙江、上海等地工作期间，都把这项工作作为一项重大工作来抓。”[②]从时间维度上来看，“两山论”的发展历程大致可以分为以下几个阶段。

① 《习近平关于社会主义生态文明建设论述摘编》，北京：中央文献出版社2017年版，第1页。

② 习近平：《推动我国生态文明建设迈上新台阶》，《求是》2019年第3期。

（一）“两山论”的初步孕育

20世纪60年代末，习近平来到陕西省延川县梁家河村插队，开始了艰苦却受益终身的知青岁月。在这里，他和群众一起打坝造田、发展生产。在担任村党支部书记后，他不仅自己积极劳动，还带领广大社员治沟打坝、植树造林、大办沼气，各项工作开展得有声有色。陕北虽然产煤产油，但是老百姓买不起，还用煤油灯，有的老百姓甚至连煤油灯用的煤油都买不起。1974年1月，《人民日报》介绍了四川省中江县龙台公社利用沼气代替柴草和煤炭、土法制取和利用沼气的经验，这给了习近平灵感和启发。“我做了大队支部书记以后，一直想找一点推动经济发展的切入点。有一天我翻到《人民日报》，当时头版有一条消息就是四川省很多地方实行了沼气化，我很兴奋，我觉得沼气这个东西是个好东西。我第一次看到这个东西，所以我的想法就是，在梁家河要解决这个缺煤少柴的问题，要搞沼气。”[①]是年7月，习近平远赴四川，实地考察四川沼气技术，带领梁家河村村民建设了陕西省第一口沼气池，缓解了当地老百姓缺柴烧的难题，改善了村民做饭、照明和施肥条件。梁家河这段经历是习近平生态文明思想的萌芽阶

① 《习近平回忆插队建沼气池》，人民网2015年2月14日，http：//politics.people.com.cn/n/2015/0214/c1024-26567146.html

段，这是青年时代的习近平与群众一起，发展农村生态经济的生动实践，是宝贵的人生财富。

20世纪80年代初，习近平担任河北省正定县县委书记。1981年底的正定，是“高产穷县”，人均年收入仅148元。为了解决老百姓的吃饭问题，习近平带领班子，倡导发展“半城郊型经济”，搞多种经营、大力发展乡镇企业、积极发展经济作物，正定改革如火如荼，经济迅猛发展。河北人民出版社2015年12月出版的《知之深　爱之切》收录了习近平在河北正定工作期间（1982年3月至1985年5月）的讲话、书信和文章等，在该书中，习近平关于农村经济发展的许多重要论述，实际上已经涉及资源、环境和人口问题，涉及统筹经济发展和环境保护的问题。比如，习近平提出农业经济是由农业经济系统、技术系统和生态系统组成的复合系统，而不仅仅局限于农业生产本身；要把正定县建成物质循环和能量转化效率高、生态和经济都呈良性循环的开放式的农业生态经济系统。再比如，正定地处冀西三大沙荒（木道沟、老滋河、神道滩）所在地，沙荒面积大，长期无人耕种，习近平认为，要解决正定人多地少的矛盾，必须向荒滩进军。他提出，要发展好林业，利用好荒滩。为此，县里研究制定了《关于放宽发展林业的决定》，在东里双公社开展试点，把河滩地经营权下放到户，且30年不变。种植有自主权，什么卖钱种什么，大大激发了农民改造河滩地的热情。大家在沙滩里打井，修垄沟，种果树、花生、小杂粮，养猪沤肥，使沉睡了多年的荒滩空前热闹，冬闲变成了冬忙，经济效益大增，人均收入增加了一倍。1985年，习近平主持制定的《正定县经济技术、社会发展总体规划》明确强调，“保护环境，消除污染，治理开发利用资源，保持生态平衡，是现代化建设的重要任务，也是人民生产、生活的迫切要求”，并且提出，“宁肯不要钱，也不要污染，严格防止污染搬家、污染下乡”[①]。这在当时环境保护尚未引起国人高度重视的年代是十分了不起的思想。

福建是习近平生态文明思想的重要孕育地。从1985年6月，习近平任职厦门始，至2002年10月，习近平在福建工作了17年，其间，他先后主政宁德、福州和福建全省。在厦门工作期间，习近平强调不能以破坏资源环境为代价换取经济发展，着力整治乱砍滥伐树木、乱采沙石工作，推动筼筜湖综合治理。1988年，习近平调任闽东宁德地委书记，闽东是当时全国18个集中连片贫困区之一，闽东这只“弱鸟”如何摆脱贫困成为习近平履职后的主要课题。在集中调研了闽东九个县后，习近平

① 慎海雄：《习近平改革开放思想研究》，北京：人民出版社2018年版，第261页。

在《闽东的振兴在于“林”——试谈闽东经济发展的一个战略问题》一文中明确提出，“此地崇山峻岭，茂林修竹”，“林业有很高的生态效益和社会效益”，“闽东经济发展的潜力在于山，兴旺在于林”[①]。在这些重要思想的指引下，全区经过新造、改造和集约经营等措施，建立了以材林为主，经济林、防护林、薪炭林各种结构相应发展的林木体系，林、茶、果、菌、名材、药材等逐步成为闽东的特色支柱产业，农民收入呈现多元化格局。1990年，习近平调离宁德时，闽东地区的脱贫率已经达到96%以上[②]。闽东林业脱贫的成功经验使习近平看到了“大自然的恩赐”，“尝到了甜头”。在福州工作期间，习近平主持编定了《福州市20年经济社会发展战略设想》，首次将“生态环境规划”列入区域经济社会发展规划，提出“城市生态建设”理念。1997年4月10日，担任福建省委副书记的习近平在三明市将乐县常口村调研时提出：“青山绿水是无价之宝，山区要画好‘山水画’，做好山水田文章。”[③]这些论述表明“绿水青山就是金山银山”的雏形已初步形成。

① 习近平：《摆脱贫困》，福州：福建人民出版社1992年版，第83页。

② 陈健：《宁德越过温饱线》，《人民日报》1990年8月12日第2版。

③ 新华社中央新闻采访中心：《直通两会2019：两会热点面对面》，北京：人民出版社2019年版，第83页。

（二）“两山论”的正式提出

习近平于2002年10月初从福建调任浙江，先后担任浙江省委副书记、省长、省委书记。针对浙江经济高速增长过程中的环境问题，习近平指出，“你善待环境，环境是友好的；你污染环境，环境总有一天会翻脸，会毫不留情地报复你。这是自然界的客观规律，不以人的意志为转移”[①]。在绿色发展还没有成为时代主旋律、唯GDP至上的发展观还很强势的时代，这个思想是十分先进的。在浙江，习近平正式提出“绿水青山就是金山银山”的科学论断。

2003年底，习近平从全面建设小康社会的实际出发，推动制定了《浙江省统筹城乡发展推进城乡一体化纲要》，启动实施了“千村示范、万村整治”工程。在2004年7月，全省“千村示范、万村整治”工作现场会上，习近平指出：“实践证明，‘千村示范、万村整治’作为一项‘生态工程’，是推动生态省建设的有效载体，既保护了‘绿水青山’，又带来了‘金山银山’，使越来越多的村庄成了绿色生态富民家园，形成经济生态化、生态经济化的良性循环。”[②]这是习近平首次提出“绿水

① 习近平：《之江新语》，杭州：浙江人民出版社2007年版，第141页。

② 习近平：《干在实处　走在前列——推进浙江新发展的思考与实践》，北京：中共中央党校出版社2006年版，第162页。

青山”和“金山银山”的表述。

2005年8月15日，习近平到浙江省安吉县考察新农村建设情况。在安吉县，有一个被称为“八山一水一分田”、村域面积4.86平方公里的村子——余村。在20世纪90年代，因为山里优质的石灰岩资源，该村成为安吉县规模最大的石灰石开采区。村民固然享受了所谓“最富裕村”的称号，生态账却是一塌糊涂，环境污染极其严重，老百姓生活实际上受到很大影响。村里先后有5人因开矿死亡，几十人受伤，余村常年烟尘漫天，树叶被厚厚的粉尘覆盖，平时村民连窗户都不敢开，笋也连年减产。1998年，安吉县被国务院列为太湖水污染治理重点区域，受到了“黄牌警告”，要求限时关、停、转、迁污染企业。关停村里的矿山和水泥厂，得到全村绝大多数村民的支持，但关了水泥厂和矿区几乎就断了村里的财路，很多村民一下子失业了，村集体年收入最少的时候减少到21万元。余村面对财政收入明显减少的困境，痛定思痛，开始寻找新的出路，决定利用地处浙北山区、天目山北麓的自然优势和地处长三角地区腹地的区位优势，发展生态旅游。生态旅游怎么搞，能不能搞起来，大家心里也没有底。习近平当时来余村调研，听完村干部的汇报后，他语重心长地指出，“生态资源是最宝贵的资源，不要以牺牲环境为代价来推动经济增长，这样的经济增长不是发展”，“我们要留下最美好的、最可宝贵的，也要有所不为，这样也许会牺牲一些增长速度”，“刚才你们讲了，要下决心停掉矿山，这些都是高明之举，绿水青山就是金山银山”，“要坚定不移地走自己的路，要有所得，有所失……在鱼和熊掌不可兼得的时候，要知道放弃，要知道选择”[①]。这就是“两山论”的正式提出。

2005年8月24日，习近平在《浙江日报》“之江新语”栏目发表题为《绿水青山就是金山银山》的评论文章。文章指出：“我们追求人与自然的和谐，经济与社会的和谐，通俗地讲，就是既要绿水青山，又要金山银山。我省‘七山一水两分田’，许多地方‘绿水逶迤去，青山相向开’，拥有良好的生态优势。如果能够把这些生态环境优势转化为生态农业、生态工业、生态旅游等生态经济的优势，那么绿水青山也就变成了金山银山。绿水青山可带来金山银山，但金山银山却买不到绿水青山。绿水青山与金山银山既会产生矛盾，又可辩证统一。在鱼和熊掌不可兼得的情况下，我们必须懂得机会成本，善于选择，学会扬弃，做到有所为、有所不为，坚定不移地落实科学发展观，建设人与自然和谐相处的

① 辛本健等：《习近平叮嘱我们护好绿水青山》，《人民日报》2018年9月16日第1版。

资源节约型、环境友好型社会。在选择之中，找准方向，创造条件，让绿水青山源源不断地带来金山银山。”①

自2005年以来，安吉县认真践行“绿水青山就是金山银山”的理念，在生态立县的道路上阔步前行，取得了傲人的成就。安吉这个人口不足60万的小县城获评“联合国人居奖”、“世界最佳旅游乡村”、全国首个气候生态县、国家可持续发展实验区、首批中国生态文明奖等数个重大奖项，并迎来30多个国家的驻华使节和国际组织代表进行实地考察学习。2019年，联合国助理秘书长、联合国环境署代理执行主任乔伊斯·姆苏亚称赞：“安吉生态文明给全世界提供了一个很好的案例。”在“两山”理念的指引下，安吉经济持续高歌猛进，实现经济又好又快发展，2007年财政总收入突破10亿大关，2019年突破90亿大关，成为“绿水青山就是金山银山”的最好诠释。

浙江余村在20世纪80年代与2018年的对比

① 习近平：《之江新语》，杭州：浙江人民出版社2007年版，第86页。

（三）“两山论”的深化成熟

在实践中，习近平进一步对“绿水青山”和“金山银山”的辩证关系进行深入思考和详细阐述，“绿水青山就是金山银山”的理念得到深化和完善。

2006年3月，习近平在中国人民大学发表演讲。在这里，他系统论述了“绿水青山”和“金山银山”的辩证关系。他把人类在实践中对“绿水青山”和“金山银山”这“两座山”之间关系的认识划分了三个阶段。他说，“第一个阶段是用绿水青山去换金山银山，不考虑或者很少考虑环境的承载能力，一味索取资源。第二个阶段是既要金山银山，但是也要保住绿水青山，这时候经济发展和资源匮乏、环境恶化之间的矛盾开始凸显出来，人们意识到环境是我们生存发展的根本，要留得青山在，才能有柴烧。第三个阶段是认识到绿水青山可以源源不断地带来金山银山，绿水青山本身就是金山银山，我们种的常青树就是摇钱树，生态优势变成经济优势，形成了浑然一体、和谐统一的关系，这一阶段是一种更高的境界”[①]。

在当选为党的最高领导人以后，习近平多次在国际场合阐释“绿水青山就是金山银山”的理念，为中国外

---

① 习近平：《干在实处　走在前列——推进浙江新发展的思考与实践》，北京：中共中央党校出版社2006年版，第198页。

交添彩。

——2013年9月，习近平在哈萨克斯坦纳扎尔巴耶夫大学发表演讲时指出，“金山银山买不来绿水青山”，“中国明确把生态环境保护摆在更加突出的位置。我们既要绿水青山，也要金山银山。宁要绿水青山，不要金山银山，而且绿水青山就是金山银山。我们绝不能以牺牲生态环境为代价换取经济的一时发展”[①]。

——2016年9月，在二十国集团工商峰会开幕式上，习近平指出：“我多次说过，绿水青山就是金山银山，保护环境就是保护生产力，改善环境就是发展生产力。这个朴素的道理正得到越来越多人们的认同。”[②]

——2017年1月，习近平在联合国日内瓦总部发表演讲指出：“绿水青山就是金山银山。我们应该遵循天人合一、道法自然的理念，寻求永续发展之路。”[③]

——2019年4月，习近平在出席中国北京世界园艺博览会开幕式时指出：“我们应该追求绿色发展繁荣。绿色是大自然的底色。我一直讲，绿水青山就是金山银

① 《习近平关于全面建成小康社会论述摘编》，北京：中央文献出版社2016年版，第171页。

② 《习近平谈“一带一路”》，北京：中央文献出版社2018年版，第122页。

③ 《习近平关于中国特色大国外交论述摘编》，北京：中央文献出版社2020年版，第47页。

山，改善生态环境就是发展生产力。良好生态本身蕴含着无穷的经济价值，能够源源不断创造综合效益，实现经济社会可持续发展。”①

此外，习近平还在国内很多场合表达了与“绿水青山就是金山银山”相近的理念，如“保护环境就是保护生产力，改善环境就是发展生产力”，“人不负青山，青山定不负人。绿水青山既是自然财富，又是经济财富”，“守着绿水青山一定能收获金山银山”，“冰天雪地也是金山银山”等。

“绿水青山就是金山银山”，短短一句话，掷地有声。习近平以接地气的语言清楚道出了环境保护和经济发展的关系，是对马克思自然生产力理论的时代发展，如同“四两拨千斤”，有力驳斥了“环境保护阻碍经济发展”等唯GDP的错误发展观，亮出了中国绿色发展的信心和决心。这句简洁的话语让人听得进、记得住、传得开、用得上，是现代政治话语表达的典范，也是马克思主义理论中国化的最好诠释。

① 习近平：《习近平谈治国理政》第三卷，北京：外文出版社2020年版，第374、375页。

四、"两山"转化的成功模式与未来潜力

党的十八大以来，"绿水青山就是金山银山"作为我国生态文明建设的核心理念和重要原则，被写入中央文件、党代会报告和新修订的党章，标志着"两山论"已经全面融入国家顶层设计，为我国转变经济发展方式、推动绿色发展提供了思想指导和行动指南。在中国特色社会主义进入新时代，全国各地深入践行"绿水青山就是金山银山"重要理念，涌现出了一大批生动鲜活的"两山"转化成功案例，形成了一些可推广、可复制的绿色发展模式。展望未来，随着我国社会结构的重大变化和人们对良好生态产品越来越多、越来越高的多元需求，"绿水青山"变为"金山银山"具有更大潜力和美好前景。

（一）靠山吃山、靠水吃水："山歌水经型"

"山歌水经型"的特点是在生态环境资源特色突出的地区，围绕自身生态环境特点和生态资源优势，宜林则林、宜牧则牧、宜游则游、宜渔则渔，因地制宜发展特色产业。"山歌水经型"转化模式最成功的实践是在农村贫困地区利用"绿水青山"实现了脱贫增收。消除贫困、改善民生、逐步实现共同富裕，是社会主义的本质要求，是中国共产党向全国人民做出的庄严承诺。我

国以前的扶贫开发往往采取送钱送物的救济方式，或者为贫困地区的青年劳动力提供外出打工的机会，这种减贫模式要么产生福利依赖和扶贫养懒汉现象，要么产生贫困地区“空心化”现象，导致留守妇女、留守儿童、留守老人等社会问题。习近平说，“现在，许多贫困地区一说穷，就说穷在了山高沟深偏远。其实，不妨换个角度看，这些地方要想富，恰恰要在山水上做文章”，尤其是我国“百分之七十以上的景区周边集中分布着大量贫困村”[①]，通过改革创新，让贫困地区的土地、自然风光等要素活起来，可以形成很多经济增长点，带动贫困人口增收致富。

比如，地处陕西省最南部的镇坪县，那里山好、水好、空气好，绿水青山赋予了这方土地丰富的生态资源，与绿水青山、丰富资源形成强烈反差的是镇坪的深度贫困，“坐拥绿水青山，深陷贫困泥淖”是当地的真实写照。直到2013年，镇坪仍然是国家扶贫重点县，建档立卡贫困人口5673户，贫困发生率高达32%。党的十八大以来，镇坪县把“山水风光好，家园美如画”作为发展的第一品牌，确立了生态立县、旅游兴县的发展路径。首先，镇坪县将化龙山国家级自然保护区、各级水

① 《习近平关于社会主义生态文明建设论述摘编》，北京：中央文献出版社2017年版，第30页。

源地保护区、生态脆弱地区划入生态红线，严格加强保护，守护绿水青山。其次，建立镇坪县产业准入负面清单，限制11类产业发展，禁止3类产业审批。在全县开展旅游资源调查，成立国企龙头镇坪县文旅投资公司，以区域独有的气候优势和黄连、土豆、乌鸡等土特产为依托，以长寿文化、药乡传承和中国药科大学联县扶贫的优势，打造中药康旅高地。再者，延伸农林产品链条，促进产业融合，培育形成药旅融合的飞渡峡中药康养小镇，茶旅融合的向阳春、小石茶产业园区，林旅融合的千山林业园区，农旅融合的马镇、平堡野猪产业园区和松香水稻体验园区，渔旅融合的腊味小镇、南江湖、千山湖库区开发，工（业）旅融合的永康产业园区，新型业态呈现出蓬勃发展的良好势头。镇坪县域经济排名由2015年全省第65位进位到2018年的第30位，2018年，全县贫困发生率降至1.25%，成为安康市第一个整县脱贫摘帽的县[①]。

这种立足绿水青山脱贫致富的道路，有利于打破以前生不逢处、怨天尤人的“宿命论”心理，增强农村人口自力更生、脱贫致富的动力和信心，而且这种“不离

① 中共中央组织部：《贯彻落实习近平新时代中国特色社会主义思想、在改革发展稳定中攻坚克难案例（生态文明建设）》，北京：党建读物出版社，2019年版，第124—127页。

乡不离土”的扶贫方式还具有提升贫困人口人力资本和社会资本的间接效应，如有利于提升农村妇女技能、减少农村留守儿童等，从而有利于打破贫困的文化传递机制。这是从依赖外部人道主义援助向深挖自身内源潜力转变、将扶贫开发的“输血”变“造血”功能提升至“造好血”的新阶段，使脱贫成效真正获得群众认可、经得起实践和历史检验。

（二）产业转型升级：“腾笼换鸟型”

“腾笼换鸟型”主要是指在资源开发强度较大或资源利用枯竭的地区，围绕扩容提质和转型发展，通过绿色化改造、转型升级，抓好旧产业的“请出去”和新经济的“引进来”，培育发展资源节约、环境友好的生态产业，推动实现产业绿色转型和经济高质量发展。

比如，位于江苏省徐州市东北部的贾汪区是典型的因煤而兴的资源型地区，长达130年的煤炭开采使得该地生态环境破坏严重，留下了13.23万亩的采煤塌陷地、283座裸露荒山。背负着资源枯竭、生态欠账的包袱，贾汪区秉承“生态优先、绿色发展”的理念，大力开展采煤塌陷地治理、荒山绿化、水系治理三大攻坚战，通过生态修复再造，建成了潘安湖、大洞山、督公湖、凤鸣海4个国家4A级景区，推动旅游产业从无到有、由弱到强，2018年外地游客达600万人次，实现综合收入近

20亿元，被誉为“挖煤贾汪，旅游真旺”。在实体产业方面，贾汪区突出发展高起点规划建设新型工业化走廊，坚持把高新技术产业和战略性新兴产业作为主攻方向，加快构建高端装备制造、新能源乘用车、新材料、集成电路与ICT（信息与通信技术），加上现代农业、现代物流、文化旅游的“4+3”现代产业体系，走出了一条生产发展、生活富裕、生态良好的文明建设成功之路。贾汪的创新实践表明，恢复绿水青山就是再造金山银山，是推动经济转型升级的重要动能，也是资源枯竭城市持续发展的全新模式。习近平总书记在贾汪区考察时指出，“塌陷区转型是一个普遍性难题。实际上国外做到的，你们也做到了”。①

（三）保护者受益：“生态补偿型”

“生态补偿型”体现了“谁受益、谁补偿，谁保护、谁受偿”的原则，主要在生态功能极为重要、生态环境敏感脆弱的地区，不考核GDP，而是借助国家重点生态功能区转移支付等各级财政资金，以及流域上下游横向生态补偿、省市内部生态补偿机制等多种生态补偿政策，建立起生态产品价值实现利益联结机制，推动实现保护“绿水青山”者受益，换来“金山银山”。

① “绿水青山就是金山银山”实践模式与典型案例（10），https://baijiahao.baidu.com/s?id=1707422330200558789&wfr=spider&for=pc.

比如，位于西藏自治区南部的隆子县地处青藏高原，海拔高、气候寒冷，森林植被缺乏，土地沙化和水土流失严重，生态环境十分脆弱。隆子县建立了以生态环境质量改善为目标、将生态环境保护结果与保护过程相结合的考核指标体系，科学选种植被，推行退耕还林种植沙棘，实施林草间作、林草共生的新模式，出资给农户购买美国兰草、紫花苜蓿等草种，以群众投劳的方式在沙棘树下种植苜蓿草，确保沙棘树有序生长。截至2018年，隆子县沙棘林面积达43056亩，万亩沙棘林在隆子河谷已然形成了一条绿色的“哈达”，生态系统服务功能显著提升。根据考核结果，隆子县每年得到国家重点生态功能区财政转移支付资金，2020年，隆子县接受中央财政重点生态功能区转移支付到位资金2518.55万元，用于支持脱贫攻坚、保护生态环境及改善民生等。此外，依托沙棘林，隆子人通过开发沙棘叶、沙棘果的药用价值和发展沙棘木建材产业等途径，获取经济效益，实现了“人种树、树养人、人致富”的良性循环。[①]

（四）市场导向：“环境权益交易型”

“环境权益交易型”的本质是生态产品价值的交换，

① “绿水青山就是金山银山”实践模式与典型案例（18），https：//baijiahao.baidu.com/s?id=1708454878770986212&wfr=spider&for=pc.

主要是在生态资源丰富、资源权益交易制度建设完备的地区，通过创新绿色金融产品和金融手段将生态资源股权化、证券化、债券化、基金化，积极构建生态产品及其价值实现的市场化运作体系和市场交易体系，实现排污权、水权、碳排放权等环境权益类生态产品在不同主体间的高效配置，变生态产品为真金白银。

比如，福建省三明市坐拥丰富的森林资源，当地森林绿化率高达78%，有“全国绿都”的美称。2021年5月18日，全国首批林业碳票在三明市签发，将乐县常口村领取了编号为“0000001”的全国第一张林业碳票，涉及常口村3197亩生态公益林。碳票是林地林木碳减排量收益权的凭证，一片林子每年吸收多少吨二氧化碳、释放多少吨氧气，经第三方机构监测核算、专家审查、林业和相关部门审定，最终制发具有收益权的凭证。该凭证被赋予交易、质押、兑现、抵消等权能。在碳排放机制下，被纳入监管的企业，每家都有一定的碳排放配额，用不完的可以拿出来交易，不够的就要去市场中购买，补齐配额。经第三方评估测算，将乐县常口村公益林监测期碳减排量12723吨。其中，福建通海镍业科技有限公司以40845元购买2723吨碳减排量，福建金森碳汇科技有限公司以每吨10元的价格收储1万吨碳减排量。获得的收益由全村分享，平均下来，每个村民分到了150元。[①]

碳票真正实现了让空气成为“真金白银”。未来几年是实现碳达峰、碳中和的关键时期，各地已陆续在省级层面研究制定碳排放权交易配套政策制度，实施森林、竹林经营提质增效，通过提升林草质量固碳增汇，开发森林经营碳汇项目，搭建区域性林草碳汇交易体系，推进生态产品价值实现，让生态优势变为发展优势。

（五）厚植生态本底：“溢出效应型”

“溢出效应型”主要是通过打造优美生态环境和高品质人居环境，吸引高端人才集聚，汇聚高附加值、低污染的优质产业资源，催生新经济、新业态和新模式，进而带动区域土地资源升值溢价。习近平总书记说：“‘鱼逐水草而居，鸟择良木而栖。’如果其他各方面条件都具备，谁不愿意到绿水青山的地方来投资、来发展、来工作、来生活、来旅游？”[②]只要开发和利用好独特的自然资源禀赋，将生态比较优势与其他优势（如人口、技术、交通、市场）嫁接起来，形成“生态+”的

---

① 黄山：《三明蹚出一条林业碳汇之路》，《中国绿色时报》2022年7月11日。

② 《习近平关于社会主义生态文明建设论述摘编》，北京：中央文献出版社2017年版，第23页。

开发内容、产业结构，推动三产融合、延长产业链条，加强品牌建设、提升生态产品文化内涵，经济社会就能实现持续发展，形成人与自然和谐发展的现代化建设新格局。

比如，地处成都平原东南部的天府新区，致力打造公园城市新形态，坚持以自然恢复与人工修复相结合的方式，统筹山水林田湖自然生态系统治理，实施17个重大生态项目，形成连片绿地湿地、河湖水体、城市森林5.1万亩，打造生态绿道223公里，建成鹿溪河生态区、天府公园、兴隆湖、雁栖湿地等高品质生态空间。通过做优人居环境这个高质量发展变量，天府新区以生态投入实现了人气、商气、财气集聚，短短5年内，吸引各类专业性人才20余万名、16个高能级总部项目落地、新兴金融企业600余家、各项创新载体260万平方米，促进了电子信息、汽车工业、生物医药和轨道交通等传统优势产业向价值链中高端延伸，人工智能、科技研发、数字经济、国际会展、国际商贸业等战略性新兴产业、现代制造业和高端服务业蓬勃发展，全要素产业生态圈初具雏形，新产业、新业态、新模式加速涌现。2020年实现地区生产总值3561亿元，增长6.7%，居国家级新区第5位，成为四川高质量发展的一张名片[①]。

（六）培育“两山”转化的新业态

中国特色社会主义进入新时代，居民收入和消费较快增长，人民生活持续改善，我国社会主要矛盾已经转化为人民日益增长的美好生活需要和不平衡不充分的发展之间的矛盾。国家统计局数据显示，2019年我国中等收入群体人口已经超过4亿人[②]，学者估算到2050年有望达到9亿人以上[③]。这部分群体拥有较高的收入水平和科学文化素质，具有多样化和个性化的生活消费需求。城市严重的空气污染以及持续的职场压力和激烈的社会竞争，使得他们对干净的水、新鲜的空气、放心的食品、休闲的自然风光等优质生态产品的需求越来越强烈，对精神文化消费的需求也越来越强烈，反映自然生态的艺术元素和文化载体越来越受到关注。这种社会结构的重大变化和人们多元化的高品质需求，为“绿水青山”转化为“金山银山”提供了潜在的巨大机会。绿水青山除了用于发展生态旅游、生态农业等产业外，还可

① 陈科：《成都天府新区：围绕四重定位，做强创新策源极核》，《科技日报》2022年1月7日。

② 《统计局：我国中等收入群体人口已经超过4亿人》，中国网2019年1月21日，http：//finance.sina.com.cn/china/gncj/2019-01-21/doc-ihrfqziz9599881.shtml

③ 《专访中国劳动学会副会长苏海南：我国中等收入群体超3亿人，到2050年有望达到9亿人以上》，《中国经济周刊》2018年第15期。

以创造形成诸多新型产业形态。这些新型产业形态包括但不限于以下几种：

1. 生态影视产业。在广袤的中华大地上，数不胜数的美丽生灵与人类共生，谱写出一曲曲壮美的生命之歌，为创作富有情趣、画面唯美的自然类纪录片提供了得天独厚的自然优势。如由陆川执导、历时3年摄制的自然电影《我们诞生在中国》，在北美上映后票房达到了1094万美元，不但超越了该片在中国大陆的票房纪录，而且成为北美自然类纪录片中影史票房第八名，获得了国际媒体的极高评价。

2. 生态演艺产业。如张艺谋的“印象”系列，以蓝天、白云、雪山、湖水等自然实景为舞台，加上现代声、光、电技术，演出天人合一、情景交融，将自然生态、文化情怀与大众审美完美结合，独创了新的艺术形式。《印象·刘三姐》从2003年开始运营，截至2017年12月31日，累计观看人数达1611万、累计场次已达5860场，并且在2017年门票销售创历史新高，累计销售门票162万张，票房总收入2.1亿元，净利润近1亿元[①]。再比如，“千古情”系列演出，展现了一幅幅水墨山水的画卷，在游客内心深处产生了人与自然相互交融的强

① 王克修：《三大融合促旅游产业靓起来》，《经济日报》2020年5月6日。

烈共鸣，创造了世界演艺市场的五个第一：剧院数第一、座位数第一、年演出场次第一、年观众人次第一、年演出利润第一。[①]

3. 生态康养产业。随着我国老龄人口的增多，以及越来越多的中青年陷入“亚健康”状态，康养产业面临前所未有的历史机遇。比如，四川攀枝花市以生态六度（温度、高度、湿度、洁净度、绿化度、优产度）发展阳光康养产业，每年平均接待3万余人来“晒太阳”。六盘水市大力宣传“凉都”这一城市名片，以凉爽的天气加上清新的空气为核心资源发展夏季康养产业。广西巴马瑶族自治县利用青山环抱、绿水长流的自然生态和含有丰富微量元素的水源，打造安静从容的“世外桃源”，走出了一条脱贫致富的可持续发展道路。2016年，中共中央、国务院印发了《“健康中国2030”规划纲要》，将“健康中国”上升为国家战略，提出要将健康与生态旅游、文化休闲相融合，催生健康新产业、新业态、新模式。可以预见，在未来康养需求进一步扩大和国家政策的倾斜扶持下，生态康养产业具有巨大的发展潜力，将成为我国经济发展的重要力量。

4. 生态会展产业。我国是展览业大国，围绕自然

① 刘莞信：《“千古情”系列创下五个世界第一》，《钱江晚报》2018年7月30日。

资源的生态会展一直是我国会展业的核心主题，林业产业博览会、竹文化节、花卉博览会、中国生态文化高峰论坛、中国城市森林论坛等活动，为生态文化宣传推广和交流互鉴提供了平台，同时为相关企业和地方经济的发展提供了巨大商机。比如，中国是世界上种茶、制茶、饮茶最早的国家，经过数千年的积淀，形成了茶艺、茶礼、茶道等内容丰富的茶文化，且各地的茶文化形式有所不同，我们完全可以将文化创意用于茶的品牌、包装、营销策略中，使茶叶不再单纯是一个农业产业，而转型为生态文化创意产业，提升生态产品的附加值和市场竞争力。

总之，自然是财富之母，是一个地区经济发展的天然资本。在尊重自然界新陈代谢、生命周期等客观规律的前提下，结合当地历史和文化，探索自然生态的价值实现机制，把赋予在绿水青山中的经济价值表现出来、凸显出来、挖掘出来，满足人民群众日益增长的生态物质产品需求和生态文化精神需求，使优美的自然生态环境真正转变成为发展的资本、资产，走出一条既改善生态环境又提升经济质量的发展新路，这是“绿水青山就是金山银山”理念的价值目标所在。

第二章

良好的生态环境是最普惠的民生福祉

“民生”一词最早出现在《左传·宣公十二年》，所谓“民生在勤，勤则不匮”。在中国传统社会中，民生一般是指百姓的基本生计。到了20世纪20年代，孙中山给“民生”注入了新的内涵，并将之上升到“主义”、国家大政方针以及历史观这样一个前所未有的高度。孙中山对民生问题较为经典的解释是：“民生就是人民的生活——社会的生存、国民的生计、群众的生命”[①]，“民生就是政治的中心，就是经济的中心和种种历史活

① 《孙中山选集》，北京：人民出版社1981年版，第802页。

动的中心”[①]，“民生是社会一切活动的原动力”[②]。现代意义上的民生，主要是指民众的基本生存和生活状态，以及民众的基本发展机会、基本发展能力和基本权益保护的状况。本章从马克思《资本论》中人的自然力理论出发，阐释说明为什么生态环境是民生福祉以及如何通过生态文明建设改善和增进民生福祉。

一、马克思眼中的“人的自然力”

马克思在《资本论》中谈到的自然力，不仅指通常意义上的自然环境能力，还包括人的自然力。什么是人的自然力呢?《资本论》中有这样一句话，人为了占用自然物质，“就使他身上的自然力——臂和腿、头和手运动起来……使自身的自然中沉睡着的潜力发挥出来”[③]。据此，我们可以理解，所谓人的自然力就是臂和腿、头和手运动起来的能力，这种能力通过劳动表现和发挥出来，因为劳动的过程就是人的臂和腿、头和手的运动过程。其中，发挥臂、腿和手的能量，我们称为

① 《孙中山选集》，北京：人民出版社1981年版，第825页。

② 《孙中山选集》，北京：人民出版社1981年版，第835页。

③ 《马克思恩格斯文集》第5卷，北京：人民出版社2009年版，第208页。

体力劳动；发挥大脑的能量，我们称为脑力劳动。简而言之，人的自然力就是人的四肢和大脑运动起来的劳动能力，包括体力和智力两个方面。

那么，为什么马克思将人的劳动能力称为自然力，而不是直接说劳动能力呢？我们来看看人的劳动能力的源泉。

首先，人的肉体体力具有明显的自然属性。一个基本的常识是，要有适宜人类生存的气候、温度、空气质量等自然环境，还要有吃、喝、住、穿等生活资料，人才能存活下来，才能使四肢运动起来，才能从事劳动。这些必需品和生活资料只能且全部由自然界提供。从更深远的人的起源来看，人是自然界经历漫长演变和进化的产物，因此，人同其他动植物具有同样的自然属性，是自然界的一部分。如果没有自然界，人就无法从大自然获得阳光、氧气、水、食物等，也无法维系和延续人的肉体生存，在这个意义上，马克思将自然界称为人的“无机的身体”，“人靠自然界生活。这就是说，自然界是人为了不致死亡而必须与之处于持续不断的交互作用过程的、人的身体”[①]。

其次，人的精神智力也具有间接的自然属性。人类

① 《马克思恩格斯文集》第1卷，北京：人民出版社2009年版，第161页。

的意识不是凭空产生的，是对自然界的能动反映。中国人常说，见多识广，见得多，阅历深，才知道得广。人类通过观察各种各样的自然现象，找寻其中的自然规律，再将这些自然规律运用于改进生产、生活的工具，从而推动了科学进步，提升了社会生产力。比如，牛顿从苹果下落的现象中发现万有引力定律，推动了天文学、宇宙航行等科学技术的创新和革命；斐波那契从蜗牛壳的螺纹、水流的漩涡等现象中得到启发，创建了斐波那契数列，这一理论广泛应用于设计学、化学、通信学、金融学等领域。大自然的鬼斧神工创造了生机勃勃、优美怡人的瑰丽景观，具有极高的审美价值，这种自然美是人类艺术创造的源泉，比如，人类从鸟类等动物营造巢穴中得到启示，建设了“鸟巢”这一优美宏伟的建筑物；受自然美景的熏陶，抒发情感，创造了诸如“山气日夕佳，飞鸟相与还”“日照香炉生紫烟，遥看瀑布挂前川”等流传千古的诗句以及无数美妙的旋律、绘画作品等。总之，人类是按照自然美的规律去建构自己的意义世界。因此，自然界不仅具有有形的经济价值，而且还具有无形的精神价值。对此，马克思明确阐释，植物、动物、石头、空气、光等作为艺术的对象，是人的“精神的无机界”，“人在怎样的程度上学会改变自然界，人的智力就在怎样的程度上发展起来”[①]。

从以上分析我们可以得知，自然环境预先规定了人类的生活条件，进而影响人的体力和智力发育。马克思在《资本论》第三卷中描述了工人的生产环境，批判资本家为减少成本支出“节约”工人生产条件，慢性摧毁工人的自然力。“大部分煤矿只有极不完善的排水设备和通风设备”，“车间拥挤，通风很差”，“工人拥挤在狭小地方的情况多么严重”[②]。通风设备和空间的节约，再加上劳动时间过长，使得工人的身体健康乃至生命的维持都得不到正常充足的自然条件，结果就是工人呼吸器官的疾病大量增加、未老先衰、过早死亡。“他们四肢瘦弱，身躯萎缩，神态呆痴，麻木得像石头人一样，使人看一眼都感到不寒而栗。”[③]伦敦特别是工人区的污浊空气，使得孩子们患上了贻害终身的多种器官疾病，马克思以陶工作为例证：“陶工作为一个阶级，不分男女……代表着身体上和道德上退化的人口。他们一般都是身材矮小，发育不良，而且胸部往往是畸形的。他们

① 《马克思恩格斯文集》第9卷，北京：人民出版社2009年版，第483页。

② 《马克思恩格斯文集》第7卷，北京：人民出版社2009年版，第106页。

③ 《马克思恩格斯文集》第5卷，北京：人民出版社2009年版，第282页。

未老先衰，寿命不长，迟钝而又贫血；他们常患消化不良症、肝脏病、肾脏病和风湿症，表明体质极为虚弱。但他们最常患的是胸腔病：肺炎、肺结核、支气管炎和哮喘病。有一种哮喘病是陶工特有的，通称陶工哮喘病或陶工肺结核。还有侵及腺、骨骼和身体其他部分的瘰疬病，患这种病的陶工占$\frac{2}{3}$以上。”[①]

恩格斯在《英国工人阶级状况》一文中用大量篇幅生动而细致地描述英国伦敦、曼彻斯特、利物浦等典型工业化初期英国城市的环境污染问题，指出一切能污染空气的东西都聚集在那里，生活在污浊空气中的人不可能保持健康，不可能活得长久，大城市的居民虽然患急性病的，特别是各种炎症的，比生活在清新空气里的农村居民少得多，但是患慢性病的却多得多。我们已经看到肺病是这种生活条件的必然结果。[②]“令人作呕”的住宅、水污染、空气污染等严重侵蚀工人及其子女的身体健康，使他们患上了贻害终身的多种消化器官疾病，尤其是助长了肺结核的发展，他们老得快、死得早，劳动力的数量和质量明显下降。恩格斯还认为，恶劣的生

① 《马克思恩格斯文集》第5卷，北京：人民出版社2009年版，第284页。

② 参见《马克思恩格斯文集》第1卷，北京：人民出版社2009年版，第410页。

活环境对工人“道德所起的破坏作用比贫穷还要厉害得多”[①]。因为，在这样潮湿阴冷又肮脏的环境中，工人享受不到任何生活乐趣，迫切地需要某种外来的刺激，于是他们只能沉湎于纵欲和酗酒，而在这种颓废风气盛行的环境中成长的孩子，要指望他们日后具有高尚的道德真是“太天真”了。

回头再来看民生的定义。民生是人们的基本生存生活状态以及基本发展能力状况，生存生活状况需要良好的自然环境，基本能力发展需要自然提供劳动和意识对象，这些人们最关心、最直接、最现实的利益问题都与自然环境密切相关，因此习近平说，“环境就是民生”[②]。自然对每一个人都是公平的，人一生下来，就与所有人一起公平地享有空气、阳光，公平地享有江河、海洋，公平地饮用清洁的水，所以，“良好生态环境是最公平的公共产品，是最普惠的民生福祉”[③]。习近平的环境民生观是对马克思人的自然力理论的中国化话语表达，而且拓展了现代民生概念的范围，为制定改

① 《马克思恩格斯全集》第2卷，北京：人民出版社1957年版，第401页。

② 《习近平关于社会主义生态文明建设论述摘编》，北京：中央文献出版社2017年版，第12页。

③ 《习近平关于社会主义生态文明建设论述摘编》，北京：中央文献出版社2017年版，第4页。

善民生的新举措奠定了理论基础，指明了民生发展的新方向。

二、生态环境与人类生命健康

在资本主义发展早期，马克思和恩格斯论证了工人恶劣的生产、生活环境对人的自然力的损害，这种影响在当时局限于产业工人，尚未引起更多人注意。随着资本主义的发展，生态环境破坏范围扩大、程度加深，“化学烟雾是平等的”，生活在同一片天空下、共饮同一个水源的所有人，无论什么信仰、民族、贫富阶层，都面对同样的生态环境问题，无一能幸免。自然环境对民生的负面影响愈来愈明显、愈来愈普遍，首当其冲的是身体健康损害，大规模的健康问题引起全世界的关注。

（一）环境公害警钟长鸣

1962年，美国生物学家蕾切尔·卡森出版了一本书《寂静的春天》，该书开头描述了这样一个奇怪的现象：“美国的中心曾经有一个小镇……山坡上果树成林，春天的时候山花烂漫，犹如朵朵白云在绿色的原野上飘荡。秋天，橡树、枫树和白桦树色彩斑斓，透过松林的绿色屏障，如火焰般跳跃着。……突然，一种奇怪的力量悄悄侵袭了这个地区，一切都开始变了。一种邪恶的魔法控制了整个社区：鸡群感染了神秘的疾病，牛羊开始生病死亡。死神的阴影笼罩着每个地方。农夫们都在谈论家人的病况。镇上的医生也越来越困惑，他们从来没有见过近来病人的病症。大人出现毫无来由的突发性死亡。孩子们也未能幸免，他们在玩耍的时候突然发病，几个小时后就会死去。……人们议论纷纷，感到困惑不安。”[①]

卡森描述的并不是什么超自然的神奇现象，而是因人类过度使用化学药品和肥料，导致水、土壤和空气严重污染，产生有毒性的植物和农作物，这些有毒植物和农作物进入食物链，造成人和动物身体机能严重受损乃至死亡。卡森在书中列举了诸多数据和案例：“1960年春天，关于鸟类死亡的报告像洪水一样涌到了英国管理野生生物当局……管理人员发现了无数的尸体……野生生物的毁灭是十分可怜的”[②]，“海岸上到处乱堆着死鱼……没有一种鱼得以幸免”[③]，“25年前，在孩子中出现癌症被认为是医学上罕见的事。而今天，死于癌症

① ［美］蕾切尔·卡森：《寂静的春天》，吕瑞兰、李长生译，上海：上海译文出版社2008年版，第1、2页。

② ［美］蕾切尔·卡森：《寂静的春天》，吕瑞兰、李长生译，上海：上海译文出版社2008年版，第121页。

③ ［美］蕾切尔·卡森：《寂静的春天》，吕瑞兰、李长生译，上海：上海译文出版社2008年版，第144页。

的美国学龄儿童比死于其他任何疾病的数目都多……大量的恶性肿瘤在临床上发现于5岁以下的儿童中。然而更加可怕的是，这种恶性肿瘤在现有已出生的婴儿或待产的胎儿中急骤增多……先天性癌症和婴儿癌症可能与母亲在怀孕期间暴露于致癌因素有关，这些致癌因素进入胎盘，并且作用于迅速发育的胎儿组织”[①]，“1960年，仅白血病一项就有12290个受难者。死于所有类型的血液和淋巴恶性肿瘤的在1950年有16690人，而在1960年猛增到25400人。其死亡率由1950年的10万分之11.1增长到1960年的10万分之14.1。这种增长情况不仅在美国，其他所有国家的已登记的各种年龄的白血病死亡数都在以每年4%~5%的比例在增长”[②]。

实际上，卡森反映的现象不是个例，而是对20世纪中期环境公害的集中写照。所谓环境公害，就是由于人类活动而引起的环境污染和生态系统破坏，对公众安全、健康、生命、财产以及生产和生活造成大面积的严重危害。在第一次工业革命以前，由于人类干预自然界的能力低，环境污染和生态破坏只是局部的、小规模

① ［美］蕾切尔·卡森：《寂静的春天》，吕瑞兰、李长生译，上海：上海译文出版社2008年版，第217页。

② ［美］蕾切尔·卡森：《寂静的春天》，吕瑞兰、李长生译，上海：上海译文出版社2008年版，第222页。

的、不明显的。工业革命以后，随着人类改造自然的技术和工具迅速发展，向自然索取资源的能力和对自然环境干预的能力越来越强，人类社会活动的范围越来越大，资源消耗和排放废弃物大量增加，再加上人口的急剧增长，致使环境问题越来越严重，污染事件频频发生，对人类生命安全以及社会经济发展的正常秩序构成了严重威胁。从20世纪“十大环境公害事件”中，环境污染的危害可略见一斑。

1930年马斯河谷烟雾事件。在比利时马斯河谷工业区，有炼油厂、金属厂、玻璃厂等许多工厂。12月1日至5日的几天里，河谷上空出现了很强的逆温层，致使13个大烟囱排出的烟尘无法扩散，大量有害气体积累在近地大气层，对人体造成严重伤害。一周内有60多人丧生，其中心脏病、肺病患者死亡率最高，许多牲畜死亡。这是20世纪最早记录的公害事件。

1943年洛杉矶光化学烟雾事件。该市250万辆汽车每天燃烧掉1100吨汽油，汽油燃烧后产生的碳氢化合物等在太阳紫外线照射下引起化学反应，形成浅蓝色烟雾，使该市大多数市民患上了眼病、头疼病。后来人们称这种污染为光化学烟雾。1955年和1970年洛杉矶又两度发生光化学烟雾事件，前者有400多人因身体中毒、呼吸衰竭而死，后者使全市$\frac{3}{4}$的人患病。

1948年多诺拉烟雾事件。美国的宾夕法尼亚州多诺拉城有许多大型炼铁厂、炼锌厂和硫酸厂。1948年10月26日清晨，大雾弥漫，受反气旋和逆温控制，工厂排出的有害气体扩散不出去，全城14000人中有6000人眼痛、喉咙痛、头痛胸闷、呕吐、腹泻，17人死亡。

1952年伦敦烟雾事件。自1952年以来，伦敦发生过12次大的烟雾事件。祸首是燃煤排放的粉尘和二氧化硫。烟雾逼迫所有飞机停飞，汽车白天也需要开灯行驶，行人走路都困难。1952年12月的烟雾事件使呼吸道疾病患者猛增，5天内就有4000多人死亡，两个月内又有8000多人死亡。

1953—1956年水俣病事件。日本熊本县水俣镇一家氮肥公司排放的废水中含有汞，这些废水排入海湾后经过某些生物的转化，形成甲基汞。这些汞在海水、底泥和鱼类中富集，又经过食物链使人中毒。当时，最先发病的是爱吃鱼的猫。中毒后的猫发疯、痉挛，纷纷跳海自杀。没有几年，水俣镇一带连猫的踪影都不见了。1956年，出现了与猫的症状相似的病人。因为开始病因不明，所以用当地地名命名这种病。大量居民中枢神经中毒，死亡率达38%，汞中毒者达283人，其中60多人死亡。1991年，日本环境厅公布的中毒病人仍有2248人，其中1004人死亡。

1955—1972年骨痛病事件。镉是人体不需要的元素。日本富山县的一些铅锌矿在采矿和冶炼中排放废水，废水在河流中积累了重金属镉。人长期饮用这样的河水，食用浇灌含镉河水生产的稻谷，骨骼严重畸形、剧痛，身长缩短，骨脆易折。1972年患病者达258人，死亡128人。

1961年四日市哮喘病事件。在日本四日市，石油化工和工业燃烧重油排放的废气严重污染大气，引起居民呼吸道病症剧增，尤其是使哮喘病的发病率大大提高，50岁以上的老人发病率约为8%，死亡10余人。

1968年日本米糠油事件。发生于日本北九州市、爱知县一带，因食用油厂在生产米糠油时，使用多氯联苯作脱臭工艺中的热载体，这种毒物混入米糠油中被人食用后中毒。病人开始眼皮发肿，手掌出汗，全身起红疙瘩，接着肝功能下降，全身肌肉疼痛，咳嗽不止。这次事件导致患病者超过10000人，16人死亡。

1984年印度博帕尔事件。12月3日，美国联合碳化公司在印度博帕尔市的农药厂因管理混乱，操作不当，致使地下储罐内剧毒的甲基异氰酸脂因压力升高而爆炸外泄。45吨毒气形成一股浓密的烟雾，以每小时5000米的速度袭击了博帕尔市区，造成近2万人死亡，20多万人受害，5万人失明，许多孕妇流产或产下死婴，受害面积40平方公里，数千头牲畜被毒死。

1986年切尔诺贝利核泄漏事件。4月26日，位于乌克兰基辅市郊的切尔诺贝利核电站，由于管理不善和操作失误，4号反应堆爆炸起火，致使大量放射性物质泄漏。西欧各国及世界大部分地区都测到了核电站泄漏出的放射性物质，造成31人死亡，237人受到严重放射性伤害。基辅市和基辅州的中小学生全部被疏散到海滨，核电站周围的庄稼全被掩埋，少收2000万吨粮食，距核电站7公里内的树木全部死亡。此后半个世纪内，10公里内不能耕作放牧，100公里内不能生产牛奶。这次核污染飘尘给邻国也带来严重灾难。这是世界上最严重的一次核污染。

如果说20世纪中后期的环境公害还主要是在某国某地区大面积发生，那么进入21世纪，这种环境公害则发展成为威胁整个地球和全人类的生存危机。最明显的例子就是臭氧空洞越来越大，臭氧层吸收紫外线的能力大大降低，这可能使人类受到过量的紫外线辐射。长期暴露于强紫外线的辐射下，会导致细胞内的DNA改变，人体抵抗疾病的能力下降，疾病的发病率和严重程度都会增加，包括麻疹、水痘、疱疹等病毒性疾病，疟疾等通过叮咬皮肤而传染的寄生虫病，肺结核和麻风病等细菌感染以及真菌感染疾病等。研究表明，臭氧层中的臭氧每损耗1%，皮肤癌的发病率会增加2.6%。据不完全统计，全世界每年有约10万人死于皮肤癌，绝大多数病例都与受到过量紫外线辐射有关。此外，过量紫外线辐射还会诱发眼科疾病，如白内障、角膜肿瘤等。[①]

（二）“癌症村”的罪魁祸首

在过去，我国的环境公害事件也时有发生，最突出的是“癌症村”现象。所谓癌症村是指某村村民罹患癌症的发病率、死亡率远高于平均水平，甚至超过平均水平十几倍。“癌症村”另一个明显特征是癌症患者年轻化，很多癌症患者以中年人为主，其中也不乏十多岁、二十多岁患者的案例。

“癌症村”早在20世纪中期便已出现，但其被媒体曝光却在20世纪90年代以后。1998年，中央电视台报道了流经天津以及河北的海河由于污染造成周边村民癌症死亡率异常的状况，这是我国媒体首次报道“癌症村”现象。2003年以后，全国媒体大量报道“癌症村”案例。2009年，《凤凰周刊》以“中国百处致癌危地”作为封面故事，来呈现全国“癌症村”的分布状态，引发社会广泛关注。

关于全国“癌症村”的数量，有学者统计，我国从

① 《臭氧层破坏对人体健康的影响》，http://news.sohu.com/20061017/n245846971.shtml

1954年出现第一个“癌症村”，到2011年底，58年间共有351个“癌症村”见诸报道，其中有197个记录了村名或得以确认。总体来看，1988年之前，我国“癌症村”的数量增长比较缓慢，1988年之后则呈加速增长趋势，特别是21世纪的头十年（2000—2009年）我国累计新增的“癌症村”多达186个，占“癌症村”总数的53%，成为我国“癌症村”集中爆发的年代。

工业污染是导致“癌症村”的罪魁祸首。“癌症村”附近通常有各类采矿、印染等企业，其中以化工与造纸企业影响最大。我国造纸厂地域分布十分广泛，尤其是华北平原，几乎每个县都有一家造纸厂。这些造纸厂中占据主导的是中小企业，它们条件简陋，并无充裕资金和完善制度，污水往往不经处理便排放出去。数量众多的化工厂坐落在我国大河流域和沿海地区，使得受工业污染的“癌症村”多分布于河流沿岸。如仅在淮河支流沙颍河流域就发现了20余个“癌症村”；江西乐安河沿岸悄然出现了10多个“癌症村”，周边8个乡镇的数十万亩良田荒芜，颗粒无收。

“癌症村”最早出现在我国经济较发达地区的城郊，这在广东、江苏和浙江三个省份有较为集中的体现。特别是20世纪八九十年代，乡镇企业蓬勃兴起造成的污染，也使得当地居民的生产生活受到严重影响。近年来，随着城市环境门槛提高和环保监管不断加强，高污染高能耗的工业企业逐渐向西部农村地区转移。欠发达地区基层政府出于拉动经济的需要，在“招商引资”的旗号下，为那些工艺落后、污染较严重的企业大开绿灯，在环保监管上几近缺失，农村污染治理体系又尚未建立，因此，21世纪以来“癌症村”出现了向中部资源省份和西部农村地区蔓延的趋势。有以下案例可以佐证：

案例：

江西玉山县岩瑞镇关山桥村：村子附近的6个石灰窑常年外喷灰粉末、煤烟，导致关山桥村100多亩粮田减产，即使在下雨天，菜叶上也有一层白灰。近年，60余户的小组有10多人死于癌症。（《人民日报·华东新闻》，2006年）

四川德阳什邡市双盛镇亭江村：该村躲过了地震却难逃被污染，至2008年，癌症致死者达五六十人。该村在汶川地震中的抗震救灾英雄杨佳，其母于3年前因患口腔癌而喝下农药自尽。（《中国经济时报》，2008年）

河南长垣市常村镇前孙东村：严重的水体污染导致5年内数十人死于癌症，河中鱼虾绝迹，河水无法灌溉农田。（《广州日报》，2007年）

湖北襄樊市（今襄阳市）朱集镇翟湾村：3年内3000人的村庄里100多人死于癌症，大多是30岁到50岁的青壮

年劳动力。村民认为这是因为流经村旁的那条他们赖以生存的小河受到了严重污染。（《长江商报》，2006年）

山东肥城市肖家店村：2006年，该镇死亡90多人，三分之一是因为癌症。死者平均年龄48.2岁。专门负责记录死者名单的王医生称，这些癌症都经过县以上的医院核实，大多数癌症患者，肯定与水污染有关。（《重庆晨报》，2007年）

天津市西提头镇西提头寸和刘快庄村：5年间200多人患癌，从曾经的“鱼米之乡”沦为恐怖的“癌症村”。据调查，村子四周近百家大小化工企业昼夜生产，黑烟污水随意排放，臭气噪声处处弥漫。（《中国质量万里行》，2009年）[①]

除了会患上癌症之外，村民还会患上其他重症，如心脑血管疾病以及其他并不致命但难以治愈的疾病，如偏瘫、先天残障、皮肤病、气管炎、肝炎、脱发、骨质疏松等，有时还会造成孕妇流产。环境污染已经直接威胁到了群众的基本生存，不少群众为了治病，掏空家底，甚至四处借债，生活十分艰难。特别是环境污染导致儿童肿瘤，群众关于环境污染的信访投诉与日俱增。然而，污染企业税收是当地财政收入的主要来源，地方

① 蒋高明：《中国生态环境危急》，海南出版社2011年版，第21-25页。

政府针对举报往往重视不够，村民难以找到其他申诉渠道，造成这些地区环境群体性事件高发。

有学者统计，1996年至2011年，在我国信访总量、集体上访量、非正常上访量、群体性事件发生量实现下降的情况下，环境信访和群体事件的发生却以每年30%以上的速度上升。2005年至2011年，环保部直接接报处置的环境事件共927起，重特大事件72起，其中2011年重大事件比上年同期增长120%，特别是重金属和危险化学品突发环境事件呈高发态势。[①]

影响较大的环境群体性事件有：陕西省宝鸡市凤翔区长青镇两个村庄615名儿童血铅超标，其中166人属于中度、重度铅中毒，2009年8月，数百名村民冲击东岭厂区，还砸烂了前来送煤的货车挡风玻璃和停在厂区的工程车。湖南省浏阳市镇头镇村民相继出现全身无力、头晕、胸闷、关节疼痛等症状，经检查，发现体内镉超标，多名村民异常死亡，2009年7月，数百名村民围堵镇政府、派出所。2012年7月28日清晨，江苏省启东市发生一起反对排污项目的大规模群体性事件，当地百姓冲进市政府大楼，推倒、毁损机关大门，砸毁市政府一些设施，并向正在执行警戒任务的民警和机关工作

① 张萍、杨祖婵：《近十年来我国环境群体性事件的特征简析》，《中国地质大学学报（社会科学版）》2015年第3期。

人员投掷花盆、矿泉水瓶和杂物等，造成现场多名民警受伤，近十辆公务用车不同程度受损。

环境群体性事件扰乱正常社会秩序，影响社会和谐稳定，再加上一些夸大其词的报道通过互联网迅速扩散，容易与其他社会矛盾联动交织乃至侵蚀国家治理的根基。因此，习近平总书记指出，自然生态关乎民生，进而关乎政权，“保护生态环境就是保障民生，改善生态环境就是改善民生”，“环境问题往往最容易引起群众不满，弄得不好也往往最容易引发群体性事件”[①]，“经济上去了，老百姓的幸福感大打折扣，甚至强烈的不满情绪上来了，那是什么形势？……这里面有很大的政治”[②]。

三、生态环境与人的全面发展

马克思在《资本论》中论述，自然界或者作为科学的对象，或者作为艺术的对象，是“人的精神的无机界”，对于人的思想启蒙发展及其意义世界的建构具有

① 《习近平关于总体国家安全观论述摘编》，北京：中央文献出版社2018年版，第182页。

② 《习近平关于社会主义生态文明建设论述摘编》，北京：中央文献出版社2017年版，第5页。

对象性和本体论的重大意义。因此，人的创新能力和全面发展不仅涉及教育、文化、经济等方面，也涉及自然生态环境议题。在这方面，古人早有论述。孔子说，“仁者乐山，智者乐水”，山水自然能赋予人灵性，能激发智慧的火花；柏拉图认为，希腊人的精神生活与海洋影响有关；亚里士多德认为，地理位置、气候、土壤影响个别民族特性与社会性质；孟德斯鸠在其代表作《论法的精神》一书中论述了人因气候的不同而导致性格方面的差异。

我国学者通过研究相关数据发现，我国人才地埋分布差异较大，自古状元多出于江浙一带，南宋、明、清三代的江浙籍状元占全国总数的51%。根据1988年统计资料：江浙籍的现代科学家占全国40%以上，数理化学部委员占51.3%，生物学家占51.8%，农学家占58.6%，数量之多，级别之高，学科覆盖面之广，均胜过其他省份[①]。还有学者以2002年以前评选出的800多位科学院院士和600多位工程院院士为考察对象，通过实证研究，得出结论，两院院士的成长与籍贯地水域面积比呈明显

① 吕学斌：《论地理环境对人才成长的制约》，《浙江师大学报》1998年第2期。

的正相关，与山地面积比有一定的负相关[①]。

（一）自然环境与人的智力发育

恩格斯在《自然辩证法》中论证了食物的多样性尤其是食肉对于人的智力发育的影响，“脑因此得到了比过去丰富得多的为脑本身的营养和发展所必需的物质，因而它就能够一代一代更迅速更完善地发育起来”[②]。自然资源越丰富，食物链就越丰富，丰富的食物链是增进人体智能机制发展的催化剂和活化剂，有利于人才的成长，并且吸引和稳定人才。同时，自然资源越丰富，生产力水平就越高，就能提供更多的物质财富、科研时间和文化教育条件，因此就能出现更多人才，人才总体水平也就越高。有学者研究表明，纵观中外历史，有的时期群雄并起，人才辈出；有的时期却无英雄，人才稀落。如果把当时的生产力发展水平对照起来看，就会发现，人才出现的运动曲线与社会生产力发展曲线是相吻合的，经济的发展与人才的波峰相随，经济的衰落与人才的波谷相伴。同一时期，各地区生产力发展不平衡，人才涌现的数量与质量也不相同，生产力发展水平高的

① 吴殿：《高级科学人才和高级科技人才成长因素的对比分析——以中国科学院院士与中国工程院院士为例》，《中国软科学》2005年第8期。

② ［德］恩格斯：《自然辩证法》，北京：人民出版社2018年版，第309页。

地区人才涌现数量多、质量高、类型齐全[1]。生产力的背后离不开生态环境和自然资源的因素。从相反的角度来看，恶劣的自然环境常常阻碍人才的顺利成长，甚至扼杀了人才。例如我国西部地区，深居内陆、地势高耸、气候恶劣、降水稀少、植被稀疏，整体上讲，自然环境条件较差，人才不容易成长，历代名人志士不多。加之一些突发性的自然灾害，如地震、泥石流等灾害造成环境异常，导致一部分人残疾或死亡，延缓了人才成长，甚至扼杀了人才，令人痛心。

自然环境还会影响未来人的全面发展。人的发育直接受到自然条件的影响，儿童免疫生理系统还没有成熟，清除或者代谢环境有害物质能力低下，更容易受到外界环境污染和化学毒素的影响或损害。医学上通过动物实验和大规模流行病学调查证实，孕妇接触各类污染物引起婴儿缺陷的概率远高于平均值。如今，饮食和环境污染是造成儿童肿瘤的罪魁祸首。还有一些隐性的污染，比如食用了污染土壤的粮食，短时间内虽不会引起不适，但是化学毒素会在人体内不断积累直至集中爆发。总之，环境污染慢性透支国民素质，对国家人力资本的损害是长远和不可估量的，不仅损害现有人力资

① 吕学斌:《论地理环境对人才成长的制约》,《浙江师大学报》1998年第2期。

本，还使未来劳动力和潜在人才的生命根源受到威胁。

（二）自然环境与人的创造性思维

大自然可以拓宽人的视野、开阔人的胸怀和眼界，有助于创造性思维的开启和发挥。历史上不少杰出人才年轻时都曾四处游历，到大自然中去实地观察、锻炼。例如，我国明代杰出的地理学家徐霞客，足迹遍及大半个中国，留下60余万字的旷世之作《徐霞客游记》，其中岩溶地貌的学术造诣比欧洲人早一个世纪。英国生物学家达尔文在其自传中写道："贝格尔舰的航行，是我一生中最重大的事件，它决定了我此后全部事业的道路。"达尔文在《旅行笔记》中记录了他对所到各地的地质考察，以及采集动物标本的事情。可以断言，达尔文如果没有经历过环球旅行，分析全球各地自然介质的运动规律，就不可能有"物种起源"学说。再比如，我国大庆具备丰富的石油资源，汇集成长起从事勘探、研究、设计、开采、冶炼以及其他化学工业的石油工业科技人才群。同理，在热带地区能够成长起一批热带生物学家，喜马拉雅山可以锻炼出一批世界级登山运动健将。类似的例子举不胜举。

自然生态还为人文社会科学的发展提供灵感和创意。近年来，广大文化工作者深入神农架原始丛林、可可西里荒原、西双版纳、塔里木河等生态建设第一线，采撷丰富鲜活的创作素材，制作播出了一批优秀的自然纪录片，有关自然生态的影视片成为影视文化产业发展的亮点，如《家园·生态多样性的中国》借助丰富的物种形象、罕见的动物行为以及拟人化的表现手法，展现了中国五大生态系统的生物多样性以及人与自然之间不断改善的关系；《本草中华》以轻松趣味的基调呈现富有传奇色彩的中华本草，讲述与人们生活息息相关的本草故事，寻访与中药有着深厚情感和羁绊的人物，展现他们截然不同的生活方式和处世态度，探究根植于中华文化中的生存智慧；《第三极》展现了生活在全球海拔最高地区青藏高原上的人类在极端严峻的自然环境中所表现出的人类生命的坚韧；《航拍中国》是一部以空中视角俯瞰中国，全方位、立体化展示中国历史人文景观、自然地理风貌及经济社会发展变化的纪录片，该系列覆盖全国23个省、5个自治区、4个直辖市和2个特别行政区，以故事化的叙事方式展现了一个观众既熟悉又充满新鲜感的美丽中国、生态中国、文明中国。

（三）良好自然环境优化人文环境

所谓人文环境，是指一定社会系统内外文化变量的函数，文化变量包括社会成员的思想观念、认知心理和社会风气等。这里以自然环境对人的心理情绪和文化风气的影响为例，具体说明良好自然环境为人的全面发展营造人文环境的作用机理。

1. 良好的自然环境为人进行自主创新提供愉悦氛围

人的全面发展的突出特征是从事创新性的工作。创新的劳动一定是自主的劳动，是劳动者带着浓厚的兴趣主动探索的结果，而不是被迫的劳动，劳动者从这种自主创新中实现了自我发展和自我解放。在《1844年经济学哲学手稿》和《资本论》中，马克思提出了劳动异化理论。该理论认为，劳动使人的智力和体力都获得很大发展，因此，人在改造世界的劳动实践中应该感到一种创造的幸福和愉悦感，但是在资本家的压榨下，工人处于恶劣的生活和工作环境中，这种劳动体验不是快乐和幸福，而是一种负担，所以外在强制一旦停止，人就会像逃避瘟疫那样逃避劳动。

这种异化劳动同样适用于在污染环境中工作的现代人。心理学认为，自然环境影响心理感受和创作情绪，雾霾天气容易使人精神懒散、情绪低落[①]。显而易见，在这种情绪下工作的人不可能产生积极态度。例如，有学者以1976年美国健康调查数据为样本进行实证研究，结果表明，空气中颗粒悬浮物增加1%，劳动者误工天数显著增加0.44%。还有学者通过美国加利福尼亚州一

① 韦庆旺、武心丹:《论雾霾的心理影响与心理应对》,《社会科学前沿》2018年第4期。

个农场的工人劳动生产率数据和当地的臭氧浓度数据进行实证研究，结果表明，环境污染的改善能够显著提高劳动生产率，10ppb臭氧浓度的下降可以使劳动生产率提高4.2%。有学者解释，由于环境污染会对劳动者的健康水平产生损害，增加了人们在医疗卫生方面的额外投入，相对减少了劳动者在教育进修等方面的开支，从而对劳动力生产效率产生了负影响①。国内学者以雾霾较严重的京津冀地区为研究对象，证明了PM2.5污染给北京、天津、河北造成的人均年劳动时间损失分别为81.3小时、89.6小时、73.1小时②。这也是近年来各大企业努力为员工创造舒适优美的工作环境的原因所在。

2. 良好自然环境促进形成人才聚集效应

很长一段时间以来，关于人力资本的研究视角主要从收入、教育、文化、宗教、阶级、政治等维度开展，却忽视了一个基本因素——自然环境。近年来，气候变化形势的严峻性提高了环境破坏影响人力资本积累的重要性，比如，2010—2011年，亚太地区由极端自然灾害导致的移民人数就达4200万以上。预计在气候变化加剧

① 蔡芸、周梅：《空气污染对劳动力供给的影响研究——基于健康人力资本视角》，《社会保障研究》2018年第6期。

② 李佳：《空气污染对劳动力供给的影响研究——来自中国的经验证据》，《中国经济问题》2014年第5期。

的背景下，由于海平面上升，海岸带地区洪水、干旱、季风系统和其他降雨环境毁坏等，到2050年，全球可能有2亿人因此成为环境难民[①]。这对过去那种单纯依赖以收入为参考的人口流动特征提出了挑战。

“鱼逐水草而居，鸟择良木而栖”，人和其他动物一样，具有选择良好自然生活条件的本能。人口迁移理论认为，自然环境是人口迁移的重要影响因素。从迁入地来说，具有拉动作用的环境因素主要体现为温和的气候、良好的自然环境、丰富的资源禀赋和便捷的环境设施等。这些环境因素对人口迁入的影响主要体现在两个方面：第一，在具有这些有利环境因素的地区，工农业生产拥有更好的资源基础，自然资源的可获得性和利用的有效性更高，人们可能拥有更多的生存资料、更好的经济选择机会和工作机会，生计来源可能更广且更有保障，经济收入可能更高；第二，受这些有利环境因素的影响，人们能享用到更新鲜的空气、更洁净的水和更舒适的气候环境，从而形成拥有更健康的身体和更长寿命的预期。总体而言，自然环境既通过威胁人们的生命和生存而使人口为满足生存型环境需求而迁移，又通过改变资源的可获得性和人们的生计来源而使人口为满足发

① 陈秋红：《环境因素对人口迁移的作用机制分析》，《中国农村观察》2015年第3期。

展型环境需求而迁移，还通过从长远影响人们的生活质量或舒适程度而使人口为满足享乐型环境需求而迁移。归根结底，无论是由国家主导的计划性迁移，还是由个人选择的自发性迁移，其目的都是为了更好地满足需求，提高福利水平。

古希腊哲学家亚里士多德说："人们来到城市是为了生活，人们居住在城市是为了更好的生活。"作为现代工业生产和污染排放的主要场所，城市环境质量对人才供给的影响越来越受到人们关注。在国外，有学者利用美国辛辛那提都市区1980—2000年的数据，研究发现空气质量是家庭住址选择的决定因素，且空气质量越高越具有吸引力，劳动力也就越愿意迁入[①]。同时，城市居民的环境意识往往是伴随着收入的提升而进步的，生态环境质量对人口迁移决策造成的影响也随着收入水平的提升而逐步增加。在经济水平不断提升的背景下，人们不再满足于生活资料数量的多少，而是更加重视生活质量的高低，他们对干净的水、新鲜的空气、放心的食品、优美的环境要求越来越高，生态环境在人们生活幸福指数中的地位不断凸显，自然条件越来越成为人们择业居住的重要考量因素。这意味着当大城市的高收入给

① 李佳：《空气污染对劳动力供给的影响研究——来自中国的经验证据》，《中国经济问题》2014年第5期。

人们带来的满足感越来越难以抵消环境质量下降所导致的负效用时，就会有越来越多的人为提高生活质量而迁移，特别是那些具有较强经济实力的富裕阶层、精英人士和高级人才，当雾霾、不洁净的水等使他们对未来的生活质量或健康状况感到担忧时，他们就会用脚投票，逃离污染城市而选择更好的生活环境。

在我国，近年来在数以亿计的农民进城务工进而实现向城市迁移的同时，城市新兴阶层和富裕阶层却表现出向环境状况较好的国外和国内其他地区迁移的趋势。《国际人才蓝皮书：中国国际移民报告》指出，中国环境问题的加剧成为精英人士和富裕阶层进行国际迁移的重要原因。根据《新财富》2013年的调查，近七成的迁移者认为，环境因素是导致他们迁移的重要原因[①]。再比如，引人注目的“逃离北上广”的现象。“逃离北上广”现象中的迁移人口固然受这些大都市房价高、生活成本高等推力因素的影响，但很多二线城市环境的宜居性，或者说人们对这些地区环境舒适性的感知，也是其中重要的拉动因素。有调查显示，2013年，超六成的北上广高校毕业生在求职时选择离开北上广，而回归二、三线城市工作生活。究其原因，大约有三成受访的应届

---

① 陈秋红：《环境因素对人口迁移的作用机制分析》，《中国农村观察》2015年第3期。

毕业生表示，选择中小城市工作的原因是出于对空气环境的追求。这个现象也得到了学者的数据支撑。比如，有学者初步研究了二氧化硫排放对我国城市劳动力供给的影响，分析表明，二氧化硫排放每增长1%，劳动力供给减少0.028%。[①]

而且，生态环境污染还加大了延揽国际人才的难度。中国欧盟商会《2014年商业信心调查》发现，“空气质量问题”是国内公司吸引人才的前三大挑战之一[②]。在过去十年里，对于那些雄心勃勃、志向高远的管理层来说，一个在中国的职位可谓炙手可热，但是这种情况现在已经开始发生转变，随着对雾霾红色预警带来的不便日渐失去耐心以及对长远身体健康的担忧加剧，像上海和北京这样最热门的工作地点也变得缺乏吸引力，一些抢手的外籍人才尤其是有年幼子女的人才，正在重新评估他们待在北京等污染严重城市的成本效益，并出于对健康的考虑决定离开。其实，这不是第一次看到生态环境是导致人才退却的关键因素，早在20世纪就有国际先例，数据显示，在洛杉矶光化学污染事件之后的5年

① 李佳：《空气污染对劳动力供给的影响研究——来自中国的经验证据》，《中国经济问题》2014年第5期。

② 于梦江：《空气质量影响人才去留》，《广州日报》2015年4月11日第A5版。

时间里，25~45岁之间年富力强的、持有大学学历的人才流失了18.3%[①]。伦敦烟雾事件也是其后来几年英国本地一些高尖人才流向美国就业的因素之一。

当今世界综合国力的竞争归根结底是人才的竞争。英明执政者无一不注重吸引人才、培养人才的顶层设计。党的十八大以来，习近平反复强调要建立集聚人才体制机制，聚天下英才而用之。生态环境对于劳动力迁移和人才吸引的影响，要求我们注重保护生态环境，构建良好的生活、生产、生态和谐共生的城市新空间，发挥生态文明的引才、留才效应，既提高本地居民生活的幸福感，也为吸引外来高素质创新型人才打下坚实基础。

当然，笔者并非环境决定论者，只是意在说明自然环境对人才成长的外在影响，人的发展最终还是需要持之以恒地发挥主观能动性。但是，完全忽视甚至否定外在自然环境对人的成长成才的作用，则是走向了另一个极端。故此，让人们在碧蓝的天空下、清澈的河畔边舒畅工作、安心工作，让人们在享受发展红利、享受绿色福利中开展创新性的自主劳动，追逐实现个人梦和国家梦，这是为实现人的全面自由发展创造客观条件的迫切

---

① ［美］奇普·雅各布斯、威廉·凯莉：《洛杉矶雾霾启示录》，曹军骥译，上海：上海科学技术出版社2014年版，第27页。

需要，是生态危机背景下以人为本的具体体现。

四、坚持生态惠民、生态利民、生态为民

改革开放以来，我国经济发展取得历史性成就，同时必须看到，也积累了大量生态环境问题，各类环境污染呈高发态势，成为民生之患、民心之痛。习近平指出，扭转环境恶化、提高环境质量是广大人民群众的热切期盼，“现在，我们已到了必须加大生态环境保护建设力度的时候了，也到了有能力做好这件事情的时候了”[①]，“环境保护和治理要以解决损害群众健康突出环境问题为重点，坚持预防为主、综合治理，强化水、大气、土壤等污染防治，着力推进重点流域和区域水污染防治，着力推进重点行业和重点区域大气污染治理，着力推进颗粒物污染防治，着力推进重金属污染和土壤污染综合治理，集中力量优先解决好细颗粒物（PM2.5）、饮用水、土壤、重金属、化学品等损害群众健康的突出环境问题”[②]。这体现了抓重点工作、抓关键环节的工

① 《习近平关于社会主义生态文明建设论述摘编》，北京：中央文献出版社2017年版，第14页。

② 《习近平关于总体国家安全观论述摘编》，北京：中央文献出版社2018年版，第182页。

作方法论，为相关部门面对宏大的生态文明建设问题有效开展具体工作指明了行动方向。同时，随着经济社会发展和人民生活水平不断提高，人民群众对干净的水、清新的空气等人居环境要求越来越高，生态环境在群众生活幸福指数中的权重越来越大，“你挣到了钱，但空气、饮用水都不合格，哪有什么幸福可言”[①]，要“加快改善生态环境质量，提供更多优质生态产品，努力实现社会公平正义，不断满足人民日益增长的优美生态环境需要”[②]，还老百姓蓝天白云、繁星闪烁、清水绿岸、鱼翔浅底、鸟语花香的美丽中国。因此，坚持生态惠民、生态利民、生态为民也是中国共产党不断提高群众满意度，夯实立党之本、执政之基的必然选择。

（一）坚决打赢蓝天保卫战

大气污染，心肺之患，是百姓健康生活的痛点。党的十八大以来，习近平多次在不同场合就打赢蓝天保卫战等工作发表重要讲话。2014年2月26日，习近平在北京市考察工作时说：“要加大大气污染治理力度，应对雾霾污染、改善空气质量的首要任务是控制PM2.5，要从压减燃煤、严格控车、调整产业、强化管理、联防联

① 《习近平关于社会主义生态文明建设论述摘编》，北京：中央文献出版社2017年版，第4页。

② 习近平：《推动我国生态文明建设迈上新台阶》，《求是》2019年第3期。

控、依法治理等方面采取重大举措，聚焦重点领域，严格指标考核，加强环境执法监管，认真进行责任追究。”[①]2014年11月10日，习近平在APEC欢迎宴会上致辞：“我们正在全力进行污染治理，力度之大，前所未有。我希望北京乃至全中国都能够蓝天常在，青山常在，绿水常在，让孩子们都生活在良好的生态环境之中，这也是中国梦中很重要的内容。”[②]2017年10月18日，习近平在中国共产党第十九次全国代表大会上的报告中提出：“坚持全民共治、源头防治，持续实施大气污染防治行动，打赢蓝天保卫战。”[③]2018年5月18日，习近平在全国生态环境保护大会上的讲话中指出，“要以京津冀及周边、长三角、汾渭平原等为主战场，以北京为重点，以空气质量明显改善为刚性要求，强化联防联控，基本消除重污染天气，还老百姓蓝天白云、繁星闪烁”[④]，“坚决打赢蓝天保卫战是重中之重。这既是国内民众的迫切期盼，也是我们就办好北京冬奥会向国际

① 《习近平讲故事》，北京：人民出版社2017年版，第330页。

② 《习近平的小康情怀》，北京：人民出版社2022年版，第601页。

③ 《中国共产党第十九次全国代表大会文件汇编》，北京：人民出版社2017年版，第41页。

④ 习近平：《论把握新发展阶段、贯彻新发展理念、构建新发展格局》，北京：中央文献出版社2021年版，第262页。

社会做出的承诺”[①]。

2018年6月27日，国务院发布《打赢蓝天保卫战三年行动计划》（简称“行动计划”），提出：“经过3年努力，大幅减少主要大气污染物排放总量，协同减少温室气体排放，进一步明显降低细颗粒物（PM2.5）浓度，明显减少重污染天数，明显改善环境空气质量，明显增强人民的蓝天幸福感。到2020年，二氧化硫、氮氧化物排放总量分别比2015年下降15%以上；PM2.5未达标地级及以上城市浓度比2015年下降18%以上，地级及以上城市空气质量优良天数比率达到80%，重度及以上污染天数比率比2015年下降25%以上。”这一计划还提出，调整优化产业结构、加快调整能源结构、积极调整运输结构、优化调整用地结构、实施重大专项行动、强化区域联防联控等六方面任务措施。

案例：

一微克一微克抠出来的“北京奇迹”

一段时期以来，雾霾已经成为北京市民的一块心病，计划好的航班因雾霾取消，高速公路被迫关闭，长期见不到太阳的大棚蔬菜收成不好，鼻炎、咽炎、呼吸道炎症等

① 习近平：《习近平谈治国理政》第三卷，北京：外文出版社2020年版，第368页。

各种病症频发。2013年，北京市正式向PM2.5“宣战”。要想治理大气污染，首先就要搞清楚污染物的来源和构成，这个工作叫作源解析。经过两次源解析发现，燃煤、机动车、工业生产分别位列北京大气污染的前三名。于是，北京市聚焦燃煤污染、工业污染、机动车污染，全面拉开了空气治理的大幕。

一是启动“加码”版减煤行动。北京曾是世界上燃煤消费最多的首都，燃煤消费一度占全市能源消费的75%。煤炭燃烧排放出大量烟尘、二氧化硫、氮氧化物，是大气严重污染的重要成因。2014年开始，北京市陆续关停了四大燃煤电厂，建设完成北京四大燃气热电中心，构建了以气、电为主要支撑的能源供应格局。对散煤，北京实施“煤改电”“煤改气”“优质煤替换”，全市实现基本“无煤化”。到2021年，北京燃煤消费总量陡降至131万吨，与2012年的2270万吨相比，压减幅度超过94%。北京市煤炭消费占能源消费的比重已经只有1.5%，北京市已基本解决燃煤污染问题。

二是车、油“减排”齐发力。2015年，北京市全面禁行“黄标车”，成为全国第一个解决“黄标车”排放污染问题的城市。“黄标车”是高污染排放车辆的简称，是连“国一”排放标准都未达到的汽油车，或排放达不到“国三”的柴油车，因其贴的是黄色标志，因此被称为“黄标车”。2017年，“国一”“国二”汽油车五环内工作日限行；

2019年，“国三”柴油货车全域禁行。据测算，淘汰一辆老旧车，每年能减少约83千克污染物排放。于是，北京分阶段制定了老旧车淘汰方案，对报废或转出北京市的“国三”车给予相应补贴，累计淘汰老旧机动车230余万辆。防止尾气排放不达标车辆进京只是管控措施之一，提升油品质量才是从源头进行控制。2016年，北京率先执行“国六”油品标准，各项指标达到世界上最严格的油品标准。同时，鼓励使用新能源车，通过新能源车不限行、公交车换新能源车、加快充电站建设等措施，累计推广新能源车60余万辆。

三是“以克论净”绣花功夫治扬尘。除了燃煤和移动源，扬尘污染也是北京大气污染防治的攻坚重点。北京一个月内能落下多少尘土？2018年，全市降尘量为7.5吨/平方公里·月。彼时，很多居民都会有一个生活体验——几日不打扫，灰尘落满屋。2018年开始，北京市大气治理进入“以克论净”精细化管理阶段，采用冲、扫、洗、收的组合道路清扫保洁工艺，如洗扫车的高压水流能把藏在路面缝隙里的灰尘冲出来并吸走。具备作业条件的城市道路每日开展机械冲洗1~2次，使主要城市道路尘土残存量控制在10克/平方米以下，重点道路控制在6克/平方米以下。截至2022年，全市降尘量已降至3.6吨/平方公里·月，与2018年相比，降幅达到52%。

经过几年的努力，北京空气质量交上了一份满意的答卷。2022年，北京空气污染物保持极低浓度水平，与世界发达国家大城市水平基本相当。与此同时，重污染天数由58天减少到3天。伦敦、洛杉矶等曾饱受雾霾困扰的国际大都市花费数十年、上百年的时间治理才见成效，但北京的大气治理在短时间内就实现了显著变化，被联合国环境署誉为“北京奇迹”。

——资料来源：王斌《一微克行动成就北京蓝天奇迹》，《北京青年报》2023年4月21日

（二）着力打好碧水保卫战

水是一切生命的源泉，是大自然的血液，是人类的命脉。习近平总书记高度重视水污染防治工作，就加强水生态环境保护多次作出重要指示，继推动长江经济带发展座谈会后，又亲自主持召开黄河流域生态保护和高质量发展座谈会，为大江大河生态环境保护修复和系统治理指明了方向。

党的十八大以来，各地以习近平生态文明思想为指导，重点围绕饮用水水源地环境保护、城市黑臭水体治理、长江保护修复、农业农村污染治理和渤海综合治理等标志性重大战役，推动水污染防治攻坚战各项工作取得了积极进展。2019年，全国地表水优良（Ⅰ－Ⅲ类）水质断面比例同比上升3.9个百分点，劣Ⅴ类断面比例

同比下降3.3个百分点。其中，长江流域好于Ⅲ类断面比例同比上升4.2个百分点，劣Ⅴ类断面比例同比下降1.2个百分点。近岸海域水质总体稳中向好，其中，渤海近岸海域优良（Ⅰ、Ⅱ类）水质面积比例同比上升12.5个百分点，劣Ⅳ类水质面积比例同比下降3.7个百分点[①]。2020年底，地级及以上城市（不含州、盟）黑臭水体消除比例达到98.2%，长江流域、渤海入海河流劣Ⅴ类国控断面全部消劣，长江干流历史性地实现全Ⅱ类水体[②]。

案例：

城市公园变身“海绵宝宝”

圭塘河是长沙中心城区最长的内河，被沿岸居民亲切地称为“母亲河”。圭塘河畔曾是很多“60后”和“70后”童年的乐园。到了20世纪70年代末，河岸的稻田逐渐被批发市场和拔地而起的高楼代替，圭塘河沿岸的养殖场、屠宰场越来越多。河边大大小小的污水排放口，黄色、褐色、黑色的污水流入圭塘河，河里淤泥堆积、臭气熏天。很多居民受不了周边的气味，举家搬迁。

圭塘河是中国城市水体的缩影。不少地方对城市黑臭

---

① 《生态环境部公布2019年全国地表水、环境空气质量状况》，http://www.mee.gov.cn/xxgk2018/xxgk/xxgk15/202001/t20200123_760936.html

② 杜宣逸：《全国生态环境保护工作会议在京召开》，《中国环境报》2021年1月25日第01版。

水体的治理非常重视，投入了大量人力、物力、财力，但总体效果低于预期。山东潍坊投资4700万元对围滩河“撒药治污”，“药”一停，污染程度又逐步回到之前的水平。贵州贵阳市开阳县投资984.7万元在洋水河末段建设除磷设施，最终徒劳无功。从2003年至2013年这十年间，南京市对清溪河进行了两次整治，2010年更是在原有护坡的基础上再次清理底泥，对河底进行硬化处理，并每隔一段距离设置一片水面浮生植物，加设充氧设备，但清溪河却依然不“清澈”。

问题出在哪儿？“屋漏在下，止之在上。”黑臭水体固然在河道里，但黑臭的根源却在岸上。治理城市黑臭水体与堵住房屋漏雨的道理一样，要使黑臭水体变为清流，必须千方百计消除岸上的污染源。城市水体流动性小、自我修复能力差，在污染长期累积形成黑臭水体的情况下，先清清底泥、换换水，让水环境有一个阶段性改善，无疑是必要的，但只在水里下功夫显然不够，还要釜底抽薪，解决岸上的污染源，才能从根本上解决问题。一些城市黑臭水体治理效果总是反复，其教训就在于只管河面不管岸上、只治河道不治管道。

把“水里”的问题在“岸上”解决。从2014年起，圭塘河边的200多万平方米违章建筑被拆除，搬迁淘汰了89家造纸、印染、制革等工厂，有效减少企业生产对河道的污染。生活污水乱排放是江河湖泊水质下降的源头之一，其中餐饮污水排放治理是重中之重。长沙市水务部门曾多次接到投诉：圭塘河周边有经营户将未经处理的油污水排入下水道。针对此类乱象，2018年9月，圭塘河所在的雨花区政府要求每家每户的厨房都安装油水分离器，餐厨废水进入分离器后，会自动水油分离，水流入每家每户门口的收水井，油沫和食物残渣则不再进入市政管道。圭塘河沿线119个排水口还安装了智能检测设备，排水数据每5分钟就上传一次。曾经油乎乎的水面变干净了，一场彻底的排水革命改变了圭塘河多年的“油腻”相。

接着，政府沿着河岸栽植芦苇、荷花等多种水生植物，并投放田螺、鱼苗、微生物等水生动物，让这些天然“净化员”发挥作用。依托圭塘河生态修复，雨花区利用闲置地块设置下凹式绿地、植草沟等设施，一个环境幽雅、小路蜿蜒的“海绵”滨水公园呼之欲出。下雨时，雨水通过草地和水生植物，层层过滤和渗蓄到地下，流入圭塘河；旱时，存蓄的雨水自动渗出，为园内绿植及时补充水分。

如今的圭塘河，晴天是一道湖光水色的风景线，雨天变身为一块会吸水的“海绵”，河道两岸景色秀美，美人蕉、翠芦莉等水生植物摇曳生姿，生态绿道让人心旷神怡，成为市民每日打卡休闲的理想处所。环境好了，不少多年前离开的老居民，选择重新回到她身边。

——资料来源：李娟《美丽的中国》，大象出版社

（三）扎实推进净土保卫战

习近平指出，“土地是农产品生长的载体和母体，只有土地干净，才能生产出优质的农产品”[①]，让老百姓吃得放心。党的十八大以来，在习近平生态文明思想的指引下，我国推进净土保卫战主要开展了以下三项工作。

一是打好农业农村污染治理攻坚战。以建设美丽宜居村庄为导向，持续开展农村人居环境整治行动，实现全国行政村环境整治全覆盖，每年抓出一批群众看得见、摸得着、能受益的治理成果；大力推进农业面源污染防治，引导和鼓励农民科学施肥施药和合理养殖种植，减少化肥农药使用量，制定并严格执行化肥农药等农业投入品质量标准，严格控制高毒高风险农药使用，推进有机肥替代化肥、病虫害绿色防控替代化学防治和废弃农膜回收，完善废旧地膜和包装废弃物等回收处理制度；坚持种植和养殖相结合，就地就近消纳利用畜禽养殖废弃物，实现规模养殖场粪污处理设施装备配套全覆盖。

二是强化土壤污染管控和修复。严格管控重度污染耕地，严禁在重度污染耕地种植食用农产品；建立建设

① 《习近平关于社会主义生态文明建设论述摘编》，北京：中央文献出版社2017年版，第50页。

用地土壤污染风险管控和修复名录，列入名录且未完成治理修复的地块不得作为住宅、公共管理与公共服务用地；建立污染地块联动监管机制，将建设用地土壤环境管理要求纳入用地规划和供地管理，严格控制用地准入，强化暂不开发污染地块的风险管控。

三是强化固体废物污染防治。开展“无废城市”试点，推动固体废物资源化利用；调查、评估重点工业行业危险废物产生、贮存、利用、处置情况，完善危险废物经营许可、转移等管理制度，建立信息化监管体系，提升危险废物处理处置能力，实施全过程监管；评估有毒有害化学品在生态环境中的风险状况，严格限制高风险化学品生产、使用、进出口，并逐步淘汰、替代；全面禁止“洋垃圾”入境，严厉打击走私，实现固体废物零进口。

以上工作取得了显著成效，2020年底，受污染耕地安全利用率达到90%左右，污染地块安全利用率达到93%以上，“无废城市”建设试点形成一批可复制可推广的示范模式，圆满完成2020年底基本实现固体废物零进口目标，“洋垃圾”被彻底挡在国门之外[①]。

---

① 杜宣逸：《全国生态环境保护工作会议在京召开》，《中国环境报》2021年1月25日第01版。

案例：

彻底对“洋垃圾”说不！

以前，我们国家购买了很多其他国家准备扔掉的垃圾。有人可能会说，垃圾这么恶心，我们国内也有，为什么还要去进口别人的呢？这对于我们又有什么用处呢？其实，国家进口的垃圾并不是我们生活中的那些剩饭剩菜之类的垃圾，而是国外的一些被淘汰的旧电器、旧衣服、旧塑料、旧纸张、旧金属等。我们称为“洋垃圾”。

20世纪80年代初期，我国制造业和建筑业的快速发展，迫切需要大量塑料、金属、纸张等原材料，而发达国家的固体废物经过处理后可以再利用，正好能够填补我国原材料的缺口。并且，由于我国经济发展水平较落后，再加上我国人口众多，我们没有那么多的资源可以供所有人都能用上，所以，那些进口垃圾里的衣服、塑料等就派上了用场，我们只需要进行加工处理，就可以给一些贫困地区的人们使用了，有的老旧电器还可以直接使用。这样，我们用非常便宜的价格，就解决了一个大难题。

还有，在那个年代我国的制造技术非常落后，连汽车都造不出来，别说其他的高科技产品了，所以，我们只能去购买别人的设备，然后拆开进行研究，明白了其中的道理，再自己制造。那些外国的垃圾也是一样的道理，我们可以对其进行研究。

进口垃圾“变废为宝”后确实产生了经济效益，以至于很长一段时间以来，进口的固体废物成为“香饽饽”，进口量急剧增加。据统计，1995年至2016年间，我国每年进口的垃圾量从450万吨猛增至4800万吨，20年间增长了十几倍，我国也一度成为全球最大的垃圾进口国。

“洋垃圾”里总有用不上的东西，比如，一吨塑料垃圾最多只有85%的塑料能够回收，其余的垃圾最终得由我们国家自己处理。如果焚烧，会产生有害气体，污染大气环境；如果水洗，会危害水体和土壤环境；如果直接丢弃或者填埋，更是加重环境负担，那些电子和塑料垃圾经过上百年都无法降解；如果堆积，它们也会随着风吹雨淋造成土壤和地下水污染，并衍生各种病菌。总之，无论采用何种处理方式，“洋垃圾”都会对生态环境造成严重破坏。

纪录片《塑料王国》有这样一个揪心的镜头：在废塑料回收厂区里，一个个天真活泼的孩子，他们或是父母在工厂里打工，或是自家便从事垃圾塑料分拣行业。虽然说是废旧塑料，实际上塑料里面什么东西都有，包括那些已经变质的鱼肉、罐头等，味道极其难闻。在这些塑料垃圾中，时常还可以看到严禁进口的医疗垃圾。两个小男孩捡了一大捆用过的医疗针管，放到口袋里当作玩具玩，他们不知道其中隐藏着多少病毒，会有多大的危险。

随着我国的发展越来越好，我们不需要进口国外的垃圾了。从2017年起，我国施行禁止“洋垃圾”入境新规，逐步收紧进口“洋垃圾”的口子，逐年减少“洋垃圾”的进口量，力争2020年底前基本实现固体废物零进口。

同时，海关总署接连开展“蓝天2018”“蓝天2019”“国门利剑”等专项行动，重点打击以伪报瞒报品名、夹藏等方式偷运走私“洋垃圾”的违法活动，一举打掉涉嫌走私犯罪团伙139个，坚决清除“洋垃圾”滋生的土壤。在2020年底，我国如期实现了进口固体废物清零的目标，并发布《关于全面禁止进口固体废物有关事项的公告》，明确自2021年1月1日起，我国禁止以任何方式进口固体废物。发达国家将我国作为“垃圾场”的历史一去不复返了。

“洋垃圾”零进口是结束，也是开始。随着“洋垃圾”的口子被“勒住”，原来依靠进口固体废物作为原材料的制造企业，将视线逐步转向国内垃圾，开始从进口“洋垃圾”向消化国内垃圾转变，由此推动了我国垃圾回收和循环经济的发展，使绿色低碳生活逐渐成为社会新时尚。

——资料来源：李娟《美丽的中国》，大象出版社

（四）望得见山、看得见水、记得住乡愁

改革开放以来，城镇化的快速推进，吸纳了大量农村劳动力转移就业，提高了城乡生产要素配置效率，推动了国民经济持续快速发展，带来了社会结构深刻变革，促进了城乡居民生活水平全面提升。同时，我国城镇化在快速发展中也积累了不少突出矛盾和问题，如城镇空间分布和规模结构不合理，“城市病”问题日益突

出，尤其是城镇化进程中对自然历史文化遗产保护不力，导致城乡建设缺乏特色、“千城一面”的现象较为严重，“乡愁”已经成为稀缺品。

在2013年12月中央城镇化工作会议上，习近平总书记指出，城镇建设“要体现尊重自然、顺应自然、天人合一的理念，依托现有山水脉络等独特风光，让城市融入大自然，让居民望得见山、看得见水、记得住乡愁”[①]。习近平总书记还强调：“在促进城乡一体化的发展中，要注意保留村庄原始风貌，慎砍树、不填湖、少拆房，尽可能在原有村庄形态上改善居民生活条件。”[②]也就是说，不能因为新农村建设，就把树都砍了，把湖都填了，把房都拆了，这样做的后果就是使新农村既没有了文化的味道，同时又破坏了生态环境。

仔细想一想，中国人往上数三代，多数来自农村，来自泥土。即便人在都市，远在他乡，心中也少不了那一缕淡淡的乡愁。乡愁是什么？是孩童时牵牛吃草的一脉青山，是夏日中供我们嬉闹的一方绿水，是夕阳里炊烟袅袅的一片屋瓦，是世代传承的共同记忆。很可惜，

① 《中国区域发展新思维：顶层设计与战略布局》，北京：人民出版社2016年版，第8页。

② 《中国区域发展新思维：顶层设计与战略布局》，北京：人民出版社2016年版，第8页。

如今论乡愁，许多人却欲说还休。每次回家乡，都有越来越强烈的陌生感。青山在减少，绿水在变浑，土不土、洋不洋、大同小异的水泥楼，让人不小心就迷失了家的方向。特别是近几年，有的地方把农民的耕地集中起来，把农民赶到楼上，但农民下了楼还得去种地。这些年我们身边多少村落不见了？有多少亲朋好友分散到不同的城镇里去了？原来的村邻关系、家族关系都不见了，这难道就是我们想要的城镇化吗？我们常说，城镇化的核心是人的城镇化。所谓人的城镇化，一方面，要尊重人的选择，呵护民生诉求，体现以人为本，不能变成被逼上楼，被逼成城镇化；另一方面，也要实现适合居住、留有记忆的城镇化，让城市天人合一，人们能望见水、望见天、乡愁可寄。那种大拆大建、大破大立、抛弃乡愁、破坏环境的城镇化，终将走不远，也走不好。

党的十八大以来，我国开展农村人居环境整治行动，持续推进乡村风貌改造提升，落实乡村风貌塑形工程，取得了初步成就。根据国家《“十四五”乡村绿化美化行动方案》，到2025年，全国平均村庄绿化覆盖率达到32%，乡村“四旁”植树15亿株以上，建成2万个国家森林乡村和一大批地方森林乡村，乡村自然生态得到全面保护，乡村绿化水平明显提高，农村人居环境持续改善，“望得见山、看得见水、记得住乡愁”将不再是奢望。

案例：

重庆绿春坝村：山水寄情画中游

重庆市丰都县三建乡绿春坝村曾经是只有16人居住的古村落，不仅水土流失严重，房屋年久失修，而且村里产业薄弱，村民一度陷入贫困。绿春坝村前的龙河，自东向西流经8个乡镇后汇入浩浩荡荡的长江，是长江右岸一级支流，污染最严重时，龙河部分河段水质低至劣V类。从2016年开始，丰都县取缔了龙河石板水库内1.4万平方米的养鱼网箱，全面关闭禁养区和限养区内的55家畜禽养殖场，对28家涉河工矿企业整体关闭搬迁、集中入园。

同时，开展河库“清四乱”专项整治，全面做好生态修复，拓展动植物栖息带，对拆迁建（构）筑物后的1.95万平方米区域进行补植、补造，并整治小水电站，恢复生态基流。现在，龙河两岸沿线栽植乔木1万多株，村内河岸绿、岸线美，市民和游客可以沿着健身步道散步，还有机会看见野生猕猴、鸳鸯等国家级保护动物。

绿春坝村经过生态修复和人居环境改造，古树掩映、青瓦木廊、流水潺潺，成了远近闻名的“最美乡村”，每逢周末，这座巴渝古村落的游客总是络绎不绝。在2020年美丽乡村博鳌国际峰会上，绿春坝村被评为“2020年度中国十大最美乡村”。村容村貌发生巨大变化的同时，“民宿经济”也在这里起步，一些外出村民纷纷返乡开起农家乐，也有人腾出自家长期闲置的老屋，交由民宿公司统一经营。破旧老屋成为雅致民宿，撂荒坡地成为花卉基地，半百老农成为时髦股东。

——资料来源：蒋云龙《山水寄情画中游》，《人民日报》2021年6月10日

（五）每个人都是生态文明的建设者

人民是历史的创造者和推动者，推进生态文明建设，同样必须动员和依靠广大人民群众。习近平2018年5月18日在全国生态环境保护大会上强调：“生态文明是人民群众共同参与共同建设共同享有的事业，要把建设美丽中国转化为全体人民自觉行动。每个人都是生态环境的保护者、建设者、受益者，没有哪个人是旁观者、局外人、批评家，谁也不能只说不做、置身事外。”①

中华人民共和国成立以来，我国在沙漠化治理、防护林建设等方面取得了令世人瞩目的成就，涌现出许多典型事迹和崇高精神，充分诠释了人民群众是生态文明建设的主体力量。习近平多次赞扬中国治沙事业中的人民力量，“要弘扬‘六老汉’困难面前不低头、敢把沙

① 习近平：《推动我国生态文明建设迈上新台阶》，《求是》2019年第3期。

漠变绿洲的奋斗精神”①，“右玉精神体现的是全心全意为人民服务，是迎难而上，艰苦奋斗，是久久为功，利在长远”，“从塞罕坝林场、右玉沙地造林、延安退耕还林、阿克苏荒漠绿化这些案例来看，只要朝着正确方向，一年接着一年干，一代接着一代干，生态系统是可以修复的”。②

动员广大人民开展生态文明建设，首先，要加强生态文明理念宣传。充分利用互联网、电视广播、报刊书籍、宣传栏等大众媒介以及举办展览、知识竞赛、表彰典型等公众喜闻乐见的活动，深入社区、农村、学校、机关和其他公众场所宣传普及环境科学知识、政策信息和法律条文，增强全民节约意识、环保意识、生态意识，培育生态道德和行为准则，推动生态文明观念在全社会牢固树立。大力倡导适度消费、合理消费和绿色消费，力戒奢侈浪费，深入开展反过度包装、反食品浪费、反过度消费行动，促使全社会都以实际行动减少能源资源消耗和污染排放，为生态环境保护做出贡献。

其次，鼓励和引导人民群众有序参与环境保护。加

① 谢环驰、鞠鹏：《坚定信心开拓创新真抓实干 团结一心开创富民兴陇新局面》，《人民日报》2019年8月23日第1版。

② 中共中央党校（国家行政学院）党的建设教研部课题组：《党的领导视角下的“右玉精神”：内涵与启示》，《前进》2019年第5期。

强对公众关注、关心的环保热点、难点问题的讨论和报道。加强对可能造成不良环境影响并直接涉及公众环境权益的发展规划、建设项目的环境影响评价、“三同时”验收等环节的环境管理，采取听证会、论证会或社会公示等形式，听取公众意见，接受公众监督。充分发挥12345政务便民服务热线的作用，确保群众举报投诉渠道畅通，完善群众来访接待制度，及时查处群众关心的环境污染及生态破坏问题。加强环境信息披露工作，发布环境质量信息，公示重大决策，加大对违法单位、违法行为及整改效果等内容的信息发布，推进企业环境污染和突发性环境污染事故的信息披露，保障群众的环境知情权。多层次地搭建政府与群众、与民间组织座谈、对话的平台，鼓励民众监督各单位环境保护法律法规的贯彻落实情况，支持他们为维护人民群众的绿色权益而进行的各种诉求，不断提升人民群众参与生态文明建设的深度和广度。

再次，要创新激励机制。在“两屏三带”等直接关系到国家生态安全格局的核心区域，通过以工代赈、提供生态管护就业岗位等方式，吸纳更多当地人民参与到石漠化荒漠化防治、退耕还林还草、湿地保护恢复、防护林建设、高寒草原建设等重大工程中，并将劳动报酬与生态保护的成效紧密结合起来，充分调动人民群众参与生态修复和保护的积极性，凝聚起众志成城守护国家生态安全的磅礴力量。

最后，要特别警惕为生态而生态、为环境而环境，甚至将环境与民生对立的形而上学做法。在西方环境保护史上，凡是把环境与民生对立起来的绿色方案最后都沦为“生态乌托邦”而难以善终。如在美国西北太平洋沿岸，围绕着原始森林的保护与开采，环保主义者与林业工人展开了激烈的对峙与冲突。正如福斯特所说：“资方加快步伐急于开发原生林，环保主义者站在保护森林的立场上予以抵制，而处在夹缝中的工人则要为其经济生活而斗争，结果导致了一场日趋加剧的生态和经济冲突。”[①]不考虑工人的经济生活，没有把环境与民生有机结合起来，就很难达到保护环境的目的。所以，在福斯特看来：“忽视阶级和其他社会不公而独立开展的生态运动，充其量也只能是成功地转移环境问题。”[②]在澳大利亚，环境主义者为保护野生动物，认为荒野内不应有人存在，于是把居住于这片土地并以其为生的土著人驱逐出荒野保护区，引发了严重的种族冲突，环境保

① ［美］约翰·贝拉米·福斯特：《生态危机与资本主义》，耿建新、宋兴无译，上海：上海译文出版社2006年版，第103页。

② ［美］约翰·贝拉米·福斯特：《生态危机与资本主义》，耿建新、宋兴无译，上海：上海译文出版社2006年版，第97页。

护最终不了了之。

目前在我国一些地方生态保护和环境治理的实践中，存在脱离群众、置人民的实际生活于不顾而制定一些不切实际的、哗众取宠的绿色指标的现象，如有的地区对不顾民众冷暖，对禁止用煤取暖采取“一刀切”的做法。很多人应该记得，2017年陕西关中一些农村学校燃煤锅炉被拆除后，学生抱着热水杯上课、冻得直跺脚的画面，虽然政府每户补贴了一个电暖器，但当地居民根本无法承受一天50度电的用电成本，于是在煤炭之外，当地群众寻找各种可燃烧的材料取暖，各种废旧材料燃烧成为更严重的污染源。如此环境形式主义的治理思路，显然扭曲了大气污染防治和能源改革的本意。

生态文明建设是民生工程，靠少数几个“环境达人”“生态精英”的几场“生态秀”是达不到让人民群众有更多获得感的目的的。要想切实有效地推进生态文明建设，不能仅在书斋里、实验室里制定环境保护和整治方案，必须把民生福祉与绿色发展、环境治理和民生建设结合起来，让人民群众感受到政府是把生态文明建设视为民生建设的重要内容，而非政府额外加给他们的生活负担。只有把人民群众高兴不高兴、满意不满意、答应不答应作为衡量工作的根本标准，生态文明建设的具体政策才能厚植民意基础，赢得最广大人民群众的支持和参与。只有始终秉持把人民利益摆在至高无上地位的价值追求，生态文明建设的具体措施真正起到解民忧、纾民怨、暖民心的作用，才能让蕴藏在人民群众中的主动性和创造性充分迸发出来，成为推进生态文明建设的社会力量。

第三章

绘就绿色技术创新蓝图

重视科技在社会发展中的作用，是马克思主义的一个基本观点。马克思在《资本论》中论述了科学技术在资本运转中的价值，包括推动自然力的应用范围，促进物品用途的扩展、物料的充分循环利用以及科学技术进步的资本束缚和解决途径，其中内含了深刻的生态科技思想。习近平指出，“绿色科技成为科技为社会服务的基本方向，是人类建设美丽地球的重要手段”[①]，“要加深对自然规律的认识，自觉以对规律的认识指导行动。

① 《习近平关于科技创新论述摘编》，北京：中央文献出版社2016年版，第98页。

不仅要研究生态恢复治理防护的措施，而且要加深对生物多样性等科学规律的认识；不仅要从政策上加强管理和保护，而且要从全球变化、碳循环机理等方面加深认识，依靠科技创新破解绿色发展难题，形成人与自然和谐发展新格局”[①]。习近平的绿色技术观是对马克思生态科技思想的继承和发展，他对21世纪绿色科技大趋势的科学把握，为新时代我国绿色科技研发和创新提供了方向性战略性的理论指导。

一、科学技术的现代反思

纵观世界文明史，人类先后经历了农业革命、工业革命、信息革命，每一次产业技术革命，都给人类生产、生活带来巨大而深刻的影响。特别是工业革命以来，学科交叉融合加速，新兴学科不断涌现，前沿领域不断延伸，传统意义上的基础研究、应用研究、技术开发和产业化的边界日趋模糊，科技创新链条更加灵巧，技术更新和成果转化更加快捷，产业更新换代不断加快。科技创新活动不断突破地域、组织、技术的界限，演化为创新体系的竞争，创新战略竞争在综合国力竞争

① 《习近平关于社会主义生态文明建设论述摘编》，北京：中央文献出版社2017年版，第34页。

中的地位日益重要。“科技创新，就像撬动地球的杠杆，总能创造令人意想不到的奇迹”[①]，当代科技发展历程充分证明了这个过程。然而，科技是一把双刃剑，科技发展在给人类创造物质财富和物质文明的同时，也使人类面临着空前的危机和风险。

（一）自然之殇：源起技术的资本主义应用

在资本主义社会阶段之前，劳动生产力处于低级发展阶段，与此相应，人类社会关系以及人与自然之间的关系很狭隘。这种实际的狭隘性，表现为古代的民间宗教和对自然的崇拜。关于人对自然的认识，那时的人们像动物一样慑服于自然界，对自然界是一种纯粹动物式的意识，十分虔诚、安分守己地过着顺应自然的生活，这个时期人与其“无机身体”的物质交换呈现祥和局面，一切都是自然的事情。

随着人类认识的螺旋式提升和近代自然科学发展，人类逐渐深化和扩大对自然运行规律的认识，揭开了笼罩在自然之上的神秘面纱。更进一步，自然科学与实践的结合，科学与生产紧密结合，拉开了工业革命的序幕，为人们支配自然和征服自然提供了强大的技术手段和物质条件。资本主义的发展就是这样以人对自然的支

① 《习近平关于科技创新论述摘编》，北京：中央文献出版社2016年版，第81页。

配和控制为前提，在短短不到一百年的时间，创造了远高于过去一切世代生产力总和的生产力，同时也给自然造成了比过去一切世代都要严重得多的伤害和摧残。在《资本论》中，马克思深刻批判资本主义生产方式打破了人与自然昔日和谐流畅的物质循环局面，造成自然生态环境的严重破坏，也给人类带来灾难。

一方面的表现是，资本主义工业对自然资源的过度索取。资本主义生产是为了制造出更多商品以获得交换价值和利润，自然物质是商品使用价值的源泉，由此，大量生产对自然界大量索取的必然需求成为工业化、商品化资本主义社会经济运行的基本特征。19世纪中叶，以蒸汽机为代表的技术革命带来了工业领域的革命性变革，科学与生产紧密结合释放前所未有的生产能力，也刺激了资本家征服自然的欲望，加速了对自然索取的速度和效率。比如，贪得无厌的农场主为了提高农业产量，或者不休耕使同一块土地连续多年超负荷耕作，或者企图通过农业化学提高土地肥力。可是土地肥力的提升遵循一定的自然规律，当肥料浓度达到土地肥力可以提升的最大限度时，土地的收益不会同使用在土地上的劳动成比例地增加，而是以小得多的比率增加，也就是说，土地肥力反而随着投资的增加而递减。马克思引用李比希的研究予以论证，“在每摩尔根施肥110磅的情况下，1 磅鸟粪可增产土豆 $25\frac{1}{2}$ 磅，在施肥 220 磅的情况下，1 磅鸟粪只增产 $12\frac{1}{2}$ 磅，在施肥 330 磅的情况下，1 磅鸟粪只增产 $2\frac{1}{2}$ 磅，在施肥 440 磅的情况下，1 磅鸟粪只增产 $1\frac{3}{4}$ 磅”。[①]这就是土地肥力递减规律，因为过度施肥改变了土地的物理性质和化学性质，土地肥力无法通过正常的自然界物质循环得到维持或补偿。透过这种土地肥力递减现象，马克思说，“资本主义农业的任何进步……是掠夺土地的技巧的进步”[②]。当科学技术被异化为资本家榨取与吮吸自然力从而进行资本积累的工具，一个国家越是以大工业和按工业方式经营的大农业作为自己发展的基础，土地贫瘠和肥力破坏的速度就越快。

另一方面的表现是，资本主义工业对自然环境的严重污染。资本主义原始积累的圈地运动迫使农村失地农民越来越多地汇聚在各大中心城市，远离自然和土地的无产阶级不能再像以前居住在农村一样将以衣食形式消费掉的新陈代谢残余物回归土地。比如在农村，消费排泄物可以用作农业化肥，可是在伦敦，450 万人的粪便

① 《马克思恩格斯文集》第 7 卷，北京：人民出版社 2009 年版，第 1071 页。

② 《马克思恩格斯文集》第 5 卷，北京：人民出版社 2009 年版，第 579 页。

无处可置，只好排放到泰晤士河任其污染河水。[①]恩格斯在《英国工人阶级状况》中更是详细描述了资本主义早期的严重工业污染。曼彻斯特的艾尔克流域布满了制革厂、染坊、骨粉厂和瓦斯厂等大大小小的厂房，“这些工厂的脏水和废弃物统统汇集在艾尔克河里，此外，这条小河还要接纳附近污水沟和厕所里的东西”，这条曾是英国最美丽的河流变成了“一条狭窄的、黝黑的、发臭的小河，里面充满了污泥和废弃物，河水把这些东西冲积在右边的较平坦的河岸上。天气干燥的时候，这个岸上就留下一长串龌龊透顶的暗绿色的淤泥坑，臭气泡经常不断地从坑底冒上来，散布着臭气，甚至在高出水面四五十英尺的桥上也使人感到受不了。此外，河本身每隔几步就被高高的堤堰所隔断，堤堰近旁，淤泥和垃圾积成厚厚的一层并且在腐烂着”[②]。其他主要工业城市的所有河流也都是“黑得像柏油似的发臭的小河”，在这些河流及其支流的低洼沿岸地带，“水会从水沟里涌上来流入地下室，形成瘴气一样的饱含硫化氧的水蒸

① 《马克思恩格斯文集》第7卷，北京：人民出版社2009年版，第115页。

② 《马克思恩格斯全集》第2卷，北京：人民出版社1957年版，第331页。

气，并留下对健康非常有害的令人作呕的沉淀物”[①]。在空气污染方面，“工厂烟囱冒着黑烟”，“城市是被灰色的烟云笼罩着”，充满“机器油蒸发的臭气”[②]。总之，工业与农业分离以及随之产生的城乡分离，使人与自然之间的物质变换过程出现了“一个无法弥补的裂缝”[③]，从属于自然界的人类与自然界其他部分的物质循环断裂了，也破坏了土地等自然力的持久源泉。

（二）发展中的问题要靠发展解决

随着科学技术不断发展，不受约束的科技滥用对自然环境的摧残亦愈发严重和明显。20世纪60年代，美国生物学家卡森在《寂静的春天》一书中所作的大量生动而触目惊心的描述，以及著名的“八大公害事件”等都是自然环境恶化负面作用的有力证据。本是人类的创造物并为人类服务的科学技术，却在人类改造客观世界而满足发展需要的过程中，出现了有悖于发展科学技术预期和目的的结果，导致科学技术以相应的反作用统治人、控制人，甚至严重威胁人类生存和发展，它不但不

① 《马克思恩格斯全集》第2卷，北京：人民出版社1957年版，第320页。

② 《马克思恩格斯全集》第2卷，北京：人民出版社1957年版，第321页。

③ 《马克思恩格斯文集》第7卷，北京：人民出版社2009年版，第918页。

是“为我的”，反而是“反我的”，我们将科学技术产生这种异己性力量的现象称为“科技异化”。

马克思没有明确说出“科技异化”的提法，但是他曾一针见血地指出科技的反人类作用：“在我们这个时代，一种事物好像都包含有自己的反面。我们看到，机器具有减少人类劳动和使劳动更有成效的神奇力量，然而却引起了饥饿和过度的疲劳。财富的新源泉，由于某种奇怪的、不可思议的魔力而变成贫困的源泉。技术的胜利，似乎是以道德的败坏为代价换来的。随着人类愈益控制自然，个人却似乎愈益成为别人的奴隶或自身的卑劣行为的奴隶。甚至科学的纯洁光辉仿佛也只能在愚昧无知的黑暗背景上闪耀。我们的一切发现和进步，似乎结果是使物质力量成为有智慧的生命，而人的生命则化为愚钝的物质力量。现代工业和科学为一方与现代贫困和衰颓为另一方的这种对抗，我们时代的生产力与社会关系之间的这种对抗，是显而易见的、不可避免的和毋庸争辩的事实。”①

正是由于科学技术的这种消极作用，人们对科技展开了现代性反思和批判，甚至有人提出“科技邪恶说”，主张放弃科学技术、回到18世纪前的农牧时代去，认为

① 《马克思恩格斯文集》第2卷，北京：人民出版社2009年版，第580页。

只有这样，才能拯救世界免遭灾难和毁灭。显然，在科学技术日益为人类带来诸多便利和福利的今天，人类已经离不开科学技术，现代社会也不可能再封闭自己。技术哲学学者芬伯格指出，反科学的思想走向了另一个极端，本质是一种消极的逃避，“一些环境保护论者认为，现代技术引起的问题只能通过回归到更原始的条件下才能解决。……但是回归到直接的‘自然性’的代价是将个人简化为仅仅是整体的一种功能，完全服务于整体的目标。这种向自然的回归是一种对现代性所实现的解放的消极逃避”①。

确实，我们对科技的现代反思和辩证批判并不意味着“因噎废食”，更不意味着放弃科学技术的研发和应用而回到原始的自然状态中。事实上，“人类社会不可能因为生存悖论的产生而停止前进，但是，它却提醒人们，人的一切行为都必须以人的生存作为终极关怀……人只有依靠科学技术，寻求资源与环境的最佳结合点，才能从根本上解决发展问题”②。生态环境问题是在工业化和城镇化进程中产生的，也就是说，我们现

① ［美］安德鲁·芬伯格：《技术批判理论》，韩连庆、曹观法译，北京：北京大学出版社2005年版，第236页。

② 张纯成：《天人关系与人的生存》，《河南大学学报》（社会科学版）2004年第4期。

在所遇到的问题是发展中的问题，只有在发展中才能得到解决，用发展的办法解决前进中的问题是人类社会进步的基本经验。因此，在新时代依靠科技创新破解绿色发展难题是开展生态文明建设的必由之路。

第一，科技创新有利于提高资源利用率和拓宽资源利用空间。人类社会的生存发展离不开自然资源，在全球资源供求矛盾紧张的情况下，对资源的合理开发和有效利用是从根本上缓和以至解决资源短缺问题的核心途径。低消耗、低污染和循环技术的发展，通过对传统科技进行融合改进，对生产工艺、工具和设备改造升级，可以减少单位产出的资源消耗，还可以对低质资源和生产废弃物加以再利用，从而大大提高了资源的利用效能。科技进步不断开拓新的可利用的自然资源领域，如海洋技术的发展和应用扩大了石油等资源的来源，如风能、水能等新能源的开发和利用，既拓展了人类利用资源的视野和能力，还能减少人们对传统化石能源的依赖，而且这些清洁能源在生产和利用过程中不产生任何污染，切实保证了能源利用与环境保护的兼容。

第二，科技创新有利于优化自然资源配置。科技进步对交通运输条件的改善、经济交往和信息传递加快，既为一个地区区位优势的形成创造了条件，又为区位优势向周边地区的扩散推移提供了必要的手段。在科技进步的推动下，自然资源、人力资源等生产力要素的布局更为合理，区域运动更为活跃，能量聚集—释放—再聚集—再释放的节奏更为加快，增强生产要素和经济活动的集聚功能，推动生态文明中心的发育、成长和辐射能力。比如，一个地区的资源十分丰富，但是科技水平相对落后，而另一个地区的资源相对匮乏但是资源节约利用水平相对较高，这样通过科技进步可以加强经济网络的地域联系，从而有效解决资源区域贮存不足的问题，改善资源的区域组合，提高资源的组合效能，进而促进国家整体的可持续发展。

第三，科技创新有利于优化产业结构。产业是现代社会发展的实体依托。科技的进步使得一些高消耗、高排放的传统产业部门被新的技术、工艺、装备改造升级，有利于实现原有生产部门的生态化改造。生产技术的变革，新材料、新技术和新产品的发明和利用，不断扩大社会分工的范围，原有产业部门有可能被分解，或者创造生产活动的新领域，形成新的产业部门，促使绿色产业链条更加专业化和社会化。此外，通过发展科技带动起来的绿色产业，在市场机制的作用下，还能促使人们树立新的物质观和消费观，从而推动人们的消费行为和需求朝着有利于生态文明的方向转变。

第四，科技创新有利于提升环境管理能力和水平。

许多情况下，资源环境状况的恶化是一个缓慢而渐进的过程，将科学技术应用于资源环境管理系统、监测系统和污染控制系统，可以监测跟踪人类行为对环境的影响，加深人类对自然规律的理解，从而有效地为生态修复、污染治理和保护自然资源等环境管理决策提供先进技术手段和科学依据，达到预防生态环境进一步恶化、提高环境保护工作效率的目的。

二、技术生态化的两个基本路径

马克思在《资本论》中一方面批判了资本主义工业技术对自然环境的破坏，同时，他也指出，资本追逐利润的本性决定了资本家要千方百计减少成本，为此客观上推动了节约技术的发明。自然力在资本运转中主要以不变资本的形式存在，机器等固定资本在生产过程中会受到自然力的磨损和破坏，“严寒冬季一个月给铁路造成的损害，比整整一年的铁路交通所造成的损害还要严重”[①]。这种损耗会转移到产品的价值中去，固定资本越耐用，其执行生产职能的时间就越长，它转移的价值就越小，利润就越大。相反，机器越是需要时常更新，

① 《马克思恩格斯文集》第6卷，北京：人民出版社2009年版，第190页。

维修费用就越大，就越是需要把更大一部分资本无益地花费在它上面。以原材料、燃料、辅助材料等形式存在的那部分不变资本，在生产过程中也有损耗，不会百分之百地转移到最终使用价值中，生产资料的损耗越多，就越是需要购买更多的原材料，从而影响原料的市场供求关系，抬高原料价格。原料价格日益上涨，生产成本也随之增加，因此资本家必须更节约地使用生产资料，由此，资本家着眼思考怎样提高资本耐用性和减少损耗，考虑既能增加生产又能减少支出的办法，以缩减成本开支，尽可能地提高利润率。《资本论》第三卷指出了资本家在不变资本的使用上开展了两种具有进步意义的节约技术创新。

（一）废物资源化

所谓废物，马克思说，包括生产排泄物和消费排泄物，“生产排泄物，是指工业和农业的废料；消费排泄物则部分地指人的自然的新陈代谢所产生的排泄物，部分地指消费品消费以后残留下来的东西”[①]。比如，化学工业在小规模生产时损失掉的副产品，制造机器时废弃的铁屑等，是生产排泄物；人的粪便（自然排泄物）和破衣碎布等，是消费排泄物。废物随着资本主义生产

① 《马克思恩格斯文集》第7卷，北京：人民出版社2009年版，第115页。

方式的发展而扩大。原料的日益昂贵，刺激废物利用动力的形成。

废物能否被利用依赖于机器的是否改良和科学的是否进步。马克思说："机器的改良，使那些在原有形式上本来不能利用的物质，获得一种在新的生产中可以利用的形式。"[①]比如，将废毛和破烂毛织物再加工生产为再生呢绒，将本来几乎毫无价值的废丝制成有多种用途的丝织品。收集废毛和破烂毛织物的再生呢绒业，已经成为约克郡毛纺织工业的一个重要部门。消费者也得到了巨大利益，因为他们现在能用低廉的价格买到平均质量较好的丝毛织物。还有另外一种废物利用的形式，"科学的进步，特别是化学的进步，发现了那些废物的有用性质"[②]。马克思说："化学工业提供了废物利用的最显著的例子。它不仅发现新的方法来利用本工业的废料，而且还利用其他工业的各种各样的废料，例如，把以前几乎毫无用处的煤焦油，变为苯胺染料、茜红染料（茜素），近来甚至把它变成药品。"[③]人的消费排泄物可

---

① 《马克思恩格斯文集》第7卷，北京：人民出版社2009年版，第115页。

② 《马克思恩格斯文集》第7卷，北京：人民出版社2009年版，第115页。

③ 《马克思恩格斯文集》第7卷，北京：人民出版社2009年版，第117页。

以作为农业的重要肥料。由此可见，“所谓的废料，几乎在每一种产业中都起着重要的作用”[①]。

（二）生产减损化

如果说废物资源化是生产和消费排泄物的再利用而造成的节约，是终端废物的再利用，那么生产减损化则是由于废料的减少而造成的节约，是在生产过程中把生产排泄物减少到最低限度，把一切进入生产中的原料和辅助材料的直接利用提到最高限度。生产减损取决于所使用的机器的质量。“机器零件加工得越精确，抛光越好，机油、肥皂等物就越节省。”[②]原料本身的质量也对生产减损起着部分的决定性作用，“而原料的质量又部分地取决于生产原料的采掘工业和农业的发展（即本来意义上的文明的进步），部分地取决于原料在进入制造厂以前所经历的过程的发达程度”[③]。

马克思举例，用水渍法和机械梳理法精细加工亚麻比靠水力推动的简陋梳麻设备减少原料损失28%到30%；按照力学原理改造的优质新磨可以使同量谷物的

① 《马克思恩格斯文集》第7卷，北京：人民出版社2009年版，第116页。

② 《马克思恩格斯文集》第7卷，北京：人民出版社2009年版，第117页。

③ 《马克思恩格斯文集》第7卷，北京：人民出版社2009年版，第118页。

面粉产量增加$\frac{1}{6}$；一个巧妙的装置，可以提高蒸汽机的功能，同时大大地节省煤炭，新蒸汽机每小时只耗煤$3\frac{1}{2}$磅或4磅，而旧式机器要耗煤12磅到14磅。[①]总之，有了完善的工厂设备和改良的机器，既节省了劳动力，还大大节省了动力、煤炭、机油、油脂、传动轴、皮带等。

综上所述，以上两类节约具有不同的性质，前者是对生产和消费后废物的再利用，后者是在生产中提高原料和辅助材料的直接利用程度。但是这两种节约的应用是有前提条件的，这个条件就是规模化大生产。马克思说，废物再利用的条件是“排泄物必须是大量的，而这只有在大规模的劳动的条件下才有可能”[②]。也许有人会说，在小规模园艺式的农业中，例如中国传统农业也有过这种节约，但是小规模传统农业生产下的生产率是以人类劳动力的巨大浪费为代价，并不是真正的节约形式。固定资本使用上的减损化节省也是劳动条件大规模使用的结果，“是劳动条件作为直接社会的、社会化的劳动的条件，或作为生产过程内直接协作的条件起作用

① 《马克思恩格斯文集》第7卷，北京：人民出版社2009年版，第113页。

② 《马克思恩格斯文集》第7卷，北京：人民出版社2009年版，第115页。

的结果。一方面，这是力学和化学上的各种发明得以应用而又不会使商品价格变得昂贵的唯一条件，并且这总是不可缺少的条件。另一方面，从共同的生产消费中产生的节约，也只有在大规模生产中才有可能”[①]。所以，马克思说，成本的降低“与其说是并纱方法（技术）本身改良的结果，不如说是机器集中管理的结果”[②]。

难能可贵的是，马克思肯定了技术的积极作用，但并不是将技术置于空中楼阁的角度，而是脚踏实地、实事求是地指出了技术背后的群众力量和实践因素，“但是最后，只有结合工人的经验，才能发现并且指出，在什么地方节约和怎样节约，怎样用最简便的方法来应用各种已有的发现，在理论的应用即把它用于生产过程的时候，需要克服哪些实际障碍，等等”[③]。这是《资本论》中“不变资本使用上的节约”行将结束之时的点睛之笔，指出了人民群众的生产实践对于科技进步的重要意义，体现了唯物史观和群众史观的高度统一。

① 《马克思恩格斯文集》第7卷，北京：人民出版社2009年版，第118页。

② 《马克思恩格斯文集》第7卷，北京：人民出版社2009年版，第114页。

③ 《马克思恩格斯文集》第7卷，北京：人民出版社2009年版，第118、119页。

三、绿色科技奏响高质量发展最强音

进入21世纪以来，新一轮科技革命和产业变革正在孕育兴起，全球科技创新呈现出新的发展态势和特征，“信息技术、生物技术、新材料技术、新能源技术广泛渗透，带动几乎所有领域发生了以绿色、智能、泛在为特征的群体性技术革命”[①]。面临严峻的生态危机形势，马克思有关废物资源化和生产减损化的观点成为节能减排的基本思路。同时，生态环境保护和治理的现实需要还催生出多种绿色技术形式，“综合起来看，现在世界科技发展有这样几个趋势：……二是围绕新能源、气候变化、空间、海洋开发的技术创新更加密集，三是绿色经济、低碳技术等新兴产业蓬勃兴起”[②]。

新技术突破加速带动产业变革，将对世界经济结构和竞争格局产生重大影响。面对科技创新发展新趋势，世界主要国家都在寻找科技创新的突破口，抢占未来经济科技发展的先机。在第一次和第二次工业革命中，中国处于闭关锁国和被动挨打的局面，这也是近代中国落

① 《习近平关于科技创新论述摘编》，北京：中央文献出版社2016年版，第81页。

② 《习近平关于科技创新论述摘编》，北京：中央文献出版社2016年版，第75页。

伍的根本原因，直到改革开放以后，才赶上了第三次工业革命的尾巴。当前的“新科技革命和产业变革将重塑全球经济结构，就像体育比赛换到了一个新场地”[①]，“我们不能在这场科技创新的大赛场上落伍，必须迎头赶上、奋起直追、力争超越”[②]。绿色技术浪潮对于我国而言是一个重大机遇，目前我国与西方发达国家在寻找并占领新一轮高速度、长周期增长的经济产业方面处在了同一条起跑线上，并且经过40多年的改革开放，我国已经积淀了坚实的经济基础，如果我国在绿色技术领域处于领先位置的话，那么在国际游戏规则和世界标准的制定中就拥有更多话语权，再加上我国广阔的市场前景以及巨大的投资需求，必将在全球绿色革命中形成与发达国家相比具有成本优势、与发展中国家相比具有技术优势的独特竞争力，成为全球绿色发展的赶超者和引领者。为此，“我们必须增强紧迫感，紧紧抓住机遇，及时确立发展战略，全面增强自主创新能力，掌握新一轮全球科技竞争的战略主动”[③]。

① 《习近平关于科技创新论述摘编》，北京：中央文献出版社2016年版，第78页。

② 《习近平关于科技创新论述摘编》，北京：中央文献出版社2016年版，第81页。

③ 《习近平关于科技创新论述摘编》，北京：中央文献出版社2016年版，第84页。

(一) 山水林田湖草沙一体化保护修复

长期以来，受高强度的国土开发建设、矿产资源开发利用等因素影响，我国一些生态系统破损退化严重，部分关系生态安全格局的核心地区在不同程度上遭到生产、生活活动的影响和破坏，提供生态产品的能力不断下降。发挥人的主观能动性，开展生态保护和修复工作乃是亡羊补牢，为时未晚。

其实，早在新中国成立初期，我国就针对一些生态环境问题开展了修复工作，如植树造林、兴修水利等，此后又相继组织开展了一系列生态保护与建设重大工程，在提高林草植被、森林覆盖率等方面取得了一定成效，但是总体而言，生态系统服务功能并没有得到有效恢复和提升。究其根本原因，在于一些生态保护修复工作缺乏系统性、整体性考虑，各自为战、要素分割、“自扫门前雪”，因此，生态整治修复存在局地效果较好但整体效应弱的突出问题。

案例：

70余部法律法规难治渤海污染

1982年，面对渤海污染不断加重的态势，相应的治理措施随即展开。从1982年至2012年的30年间，从中央到地方，各级各类涉及海洋环境保护的法律法规超过70部，除了数项“国家级行动”，关于渤海环境保护的法律法规数量更是不断增多，但是这30年正是渤海污染程度持续加重的30年。法律法规不断增多，“国家级行动”持续开展，但为何依然治理不了渤海污染？归根结底是条块分割、权力分散，体制不顺、配合不当的结果。

“海洋部门不上岸、环保部门不下海，管排污的不管治理、管治理的管不了排污的部门割据现象，以及地方政府的各自为政、相互推诿，是渤海污染无法得到根治最为关键的因素。”中国科学院海洋研究所某研究员说。

据了解，我国对于海洋环境实行的是分头管理，不同部门各有分工：环保部门负责全国海洋环境保护工作；国家港务监督机构主管船舶污染问题；国家海洋管理部门承担调查、监视、监测我国的海洋环境状况，主管石油勘探开发及海洋倾废带来的海洋环境保护工作；国家渔政渔港监督机构负责渔港船舶排污的监督及渔业港区相应水域的监视。

海洋环境“多头”管理，到了陆上也一样。“部门分割非常严重，你有你的规则，我有我的规则。你的问题我不说，我的问题你也别提。比如说，河流污染水务部门治理了，但城建部门没钱，污水处理厂没跟上，污水照样往河里排放。做的治理规划也是你部门一个，我部门一个。”河北省一名基层干部说。

“污染的是海洋，需要治理的环节却在陆地上。部门之间打架且不谈，治理的难点还在于地方要发展，而环保部门的权力却不足以提高地方发展经济的环保标准。”王书明表示。

“比如沿海新增设了一个排污口，我们作为海洋环境监测单位，连它在哪儿都不知道。”张洪亮告诉记者，陆上有多少排污口往海里排是环保部门管的事，海洋部门并不清楚，更掌握不了相关数据，这给海洋环境监管带来了一定的困难。一个典型的“囚徒困境”就这样产生了。

——资料来源：《瞭望》2016年第31期

事实上，自然生态是由山、水、林、田、湖、草组成的复杂系统，系统各个因子之间相互依存、相互促进、相互制约。山是流域水资源与降雨径流的主源地，治水就应做好山区水源涵养；森林素有“绿色水库”之称，不仅能涵养水源，调节河川径流，而且能防止水土流失，保护土地资源；草是先锋植物，素有“地球皮肤”的美称，不仅能固沙保土，而且可为林木的生长创造条件；农田是天然透水性土地，深耕深松以土蓄水，是保护水资源的重要途径；湖泊是水资源的重要载体，是调蓄洪水的主要水域空间，保护水域也就是保护水资源之“本”。

党的十八大以来，习近平总书记从生态文明建设的宏观视野提出山水林田湖草是一个生命共同体的理念。2013年11月9日在《关于〈中共中央关于全面深化改革若干重大问题的决定〉的说明》报告中，习近平总书记明确指出："山水林田湖是一个生命共同体，人的命脉在田，田的命脉在水，水的命脉在山，山的命脉在土，土的命脉在树。用途管制和生态修复必须遵循自然规律，如果种树的只管种树、治水的只管治水、护田的单纯护田，很容易顾此失彼，最终造成生态的系统性破坏。由一个部门行使所有国土空间用途管制职责，对山水林田湖进行统一保护、统一修复是十分必要的。"[①]

2014年3月14日，习近平总书记在中央财经领导小组第五次会议上指出："全国绝大部分水资源涵养在山区丘陵和高原，如果破坏了山、砍光了林，也就破坏了水，山就变成了秃山，水就变成了洪水，泥沙俱下，地就变成了没有养分的不毛之地。"在谈到治水的问题时，习近平总书记说："治水也要统筹自然生态的各要素，不能就水论水。要用系统论的思想方法看问题，生态系统是一个有机生命躯体，应该统筹治水和治山、治水和

① 《习近平关于社会主义生态文明建设论述摘编》，北京：中央文献出版社2017年版，第47页。

治林、治水和治田、治山和治林等。”①

2017年7月19日，中央全面深化改革领导小组第三十七次会议强调，“坚持山水林田湖草是一个生命共同体”②。将草纳入山水林田湖同一个生命共同体，这是对草原生态地位的重要肯定，对推进生态文明建设具有里程碑式的重要意义。

党的十九大报告指出：“统筹山水林田湖草系统治理，实行最严格的生态环境保护制度，形成绿色发展方式和生活方式，坚定走生产发展、生活富裕、生态良好的文明发展道路。”③

2018年5月，在全国生态环境保护大会上，习近平总书记再次强调：“山水林田湖草是生命共同体，要统筹兼顾、整体施策、多措并举，全方位、全地域、全过程开展生态文明建设。”④

“生命共同体”论断深刻而透彻地阐明了人与自然

---

① 《习近平关于社会主义生态文明建设论述摘编》，北京：中央文献出版社2017年版，第55、56页。

② 《敢于担当善谋实干锐意进取 深入扎实推动地方改革工作》，《人民日报》2017年7月20日第01版。

③ 习近平：《决胜全面建成小康社会 夺取新时代中国特色社会主义伟大胜利——在中国共产党第十九次全国代表大会上的报告》，北京：人民出版社2017年版，第24页。

④ 郝全洪主编：《新时代经济关键词（2019）》，北京：人民出版社2019年版，第211页。

生命过程的整体性，与中国传统文化中的有机整体论一脉相承，在对自然界的整体认知和人与生态环境关系的处理上为我们提供了重要的理论依据，成为新时代以来推进生态文明建设的重要方法论。因此，党的十九届四中全会要求健全生态保护和修复制度必须按照山水林田湖草一体化的原则，“统筹山水林田湖草一体化保护和修复，加强森林、草原、河流、湖泊、湿地、海洋等自然生态保护。加强对重要生态系统的保护和永续利用，构建以国家公园为主体的自然保护地体系，健全国家公园保护制度。加强长江、黄河等大江大河生态保护和系统治理。开展大规模国土绿化行动，加快水土流失和荒漠化、石漠化综合治理，保护生物多样性，筑牢生态安全屏障。除国家重大项目外，全面禁止围填海”①。

案例：

重庆山水林田湖草生态一体化保护修复的成功实践

为贯彻落实山水林田湖草是一个生命共同体的理念，2016年，财政部会同自然资源部、生态环境部印发了《关于推进山水林田湖生态保护修复工作的通知》，启动重要山水林田湖草生态保护修复工程试点，中央财政持续通过

① 《中国共产党第十九届中央委员会第四次全体会议文件汇编》，北京：人民出版社2019年版，第54页。

整合资金设立专项，支持地方实施山水林田湖草生态保护修复重大工程。

重庆以国家第三批山水林田湖草生态保护修复工程试点为契机，按照“山为骨、水为脉，林田湖草为肌体”思路，全市“一盘棋”统筹生态修复工作，开展了7大类、近300个工程修复项目。

在修复方式方面，突出标本兼治、长期可持续的特色。如渝北区针对传统湖底清淤换水治标不治本的问题，采用“食藻虫引导水下生物修复技术”，通过构建“食藻虫—水下森林—水生生物—微生物”生态循环自净体系，对碧津湖、木鱼石湖等实施水生态修复，湖库水质从五类提升到三类，个别甚至达到二类饮用水级别。

在资源利用方面，坚持整体考虑、精打细算，最大限度地提高资金资源使用效率。如跳蹬河综合整治中，九龙坡区将33万立方米河道工程弃土运至中梁云峰废弃矿山回填，既减少了44公里河道工程弃土运距，又解决了废弃矿坑回填客土难题，节约费用3200余万元，实现治山与治水的有机协同。

随着项目的推进，“山青、水秀、林美、田良、湖净、草绿”修复成果初显，如渝北铜锣山废弃矿坑修复后，高耸的矿坑崖壁、碧绿的坑中水体、就地取材的石路和栽种的树苗花草，让人难以相信这里曾是千疮百孔的矿坑，被市民称为“重庆小九寨”；长江一级支流跳蹬河由昔日人人嫌弃的“臭水沟”，变身人人都爱来的亲水公园，草海湾等成为“网红打卡地”；还有铜锣峡长江北侧的唐郭路危岩治理项目，通过物联网技术动态评估预警、工程修复岩体与生态恢复相结合的治理方法，保障了长江航道和群众生命财产安全，直接惠及近1000万重庆人民，给重庆这座“网红”城市增添了不少靓丽的生态名片。

——资料来源：《下好一盘修复棋　增彩一座生态城——重庆山水林田湖草生态保护修复试点工作调研报告》，《重庆日报》2020年1月10日

（二）把握21世纪绿色技术大趋势

习近平总书记指出，“实施创新驱动发展战略，首先要看清世界科技发展大势”[①]，“首先要把方向搞清楚，否则花了很多钱、投入了很多资源，最后也难以取得好的成效”[②]。结合当前世界科技前沿领域，我国发展绿色技术重点要在以下三个领域快速布局，在关键核心技术上取得大的突破。

1. 节能减排技术

1979年，世界能源委员会首次提出了节能的概念。

① 《习近平关于科技创新论述摘编》，北京：中央文献出版社2016年版，第76页。

② 《习近平关于科技创新论述摘编》，北京：中央文献出版社2016年版，第80页。

从狭义来看，节能是指节约煤炭、石油、电力、天然气等能源；从广义来看，节能是指除狭义节能内容之外的节能方法，如节约原材料消耗，提高产品质量、劳动生产率，减少人力消耗，提高能源利用效率等。减排，就是降低二氧化硫、二氧化碳、灰尘、一氧化碳、氮氧化物、碳氢化合物、氟化物等有害物质的排放。

节能减排技术是对马克思关于技术生态化两个基本路径的现代发展。重点要在工业、建筑业、交通运输业等能耗较高的行业创新节能减排技术，如推进新一代信息技术与制造技术融合发展，提升电力、钢铁、有色、石油石化、化工等行业能源利用效率；推行绿色施工方式，推广节能绿色建材、装配式和钢结构建筑，推进利用太阳能、浅层地热能、空气热能、工业余热等解决建筑用能需求；大力推广节能环保汽车、新能源汽车、天然气清洁能源汽车、液化天然气动力船舶等；加快淘汰老旧农业机械，推广农用节能机械、设备和渔船，发展节能农业大棚，因地制宜采用生物质能、太阳能、空气热能、浅层地热能等解决农房采暖、炊事、生活热水等用能需求，提升农村能源利用的清洁化水平。同时，要高度重视发展循环技术，重点推进大宗固废源头减量与循环利用、生物质废弃物高效利用、新兴城市矿产精细化高值利用等关键技术与装备研发，解决我国资源可持续发展保障、产业转型升级面临的突出问题。

值得说明的是，针对我国资源利用方式粗放、消费总量过高的现状，习近平提出以控制资源消费总量和控制单位国内生产总值资源消费强度的“双控”机制，以环境质量和污染排放总量的“双控”机制，倒逼企业加强生产设备的节能改造，发展和采用清洁生产技术，最大限度地提高资源使用效率，从源头上减少污染物排放。这是新时代绿色技术的管理创新。

2. 新能源技术

习近平指出，“扬汤止沸不如釜底抽薪”[①]，推动能源技术革命，立足国内多元供应保安全，形成传统能源和新能源多轮驱动的能源供应体系，并逐步提高水电、风电、太阳能、地热能、生物质能、核电等清洁能源在能源消费结构中的比重，这既能保障我国能源安全，又能减少对不可再生自然资源的过度开发，还能减少污染气体排放，因而，新能源技术突破是我国生态科技创新的重中之重。

2008年全球金融危机之后，面临经济和能源环境的双重危机，主要能源大国均制定政策措施加强技术创新，积极部署发展清洁能源技术，着力通过提升能源产

① 《习近平关于全面建成小康社会论述摘编》，北京：中央文献出版社2016年版，第167页。

业结构开辟新的经济增长点。欧盟通过制定《2050能源科技路线图》提出太阳能、风能、智能电网、生物能源、碳捕集与封存、核聚变以及能源效率等为主攻方向的发展思路，突出可再生能源在能源供应中的主体地位。日本先后出台《面向2030年能源环境创新战略》和《能源基本计划》，提出能源保障、环境、经济效益和安全并举的方针，继续支持发展核能，推进节能和可再生能源，发展储能技术，规划绿色能源革命的发展路径。美国发布了《全面能源战略》，并陆续出台提高能效、发展太阳能、四代和小型模块化核能等清洁电力新计划。

习近平指出，我们要深刻认识和把握能源技术变革趋势，“确定能源技术开发应用的重点，要充分考虑资源条件、技术基础、环境容量、经济合理、国际合作可行性等因素，按照‘三个一批’的路径，加快推进能源技术革命”[①]。

一是应用推广一批。要推动相对成熟、有需求、有市场、成本低的技术尽快实现产业化，从而有效提高现有能源生产和应用技术水平，如大型煤炭综采技术、超临界和超超临界燃煤发电技术、燃煤锅炉和窑炉污染物

① 《习近平关于科技创新论述摘编》，北京：中央文献出版社2016年版，第98页。

控制管理技术、余热余压利用和热泵技术、高效锅炉和高效电机、节能电器和绿色照明、城市轨道交通、建筑节能、智能物流、风电和光伏发电及上网技术、垃圾发电、混合动力汽车等。

二是示范试验一批。对有一定技术积累、但技术工艺路线尚不定型、经济性和市场可接受性有待检验、尚不具备大规模产业化的技术，要进行试验，探索技术定型、大批量生产的路径，如页岩气勘探开采、煤制油气、煤制烯烃等煤化工，大型先进压水堆、高温气冷堆核电、海上核动力平台、智能电网、分布式能源、特高压输电等重要技术。

三是集中攻关一批。主要是指那些前景广阔、但核心技术受制于人、亟待集中力量奋力攻关的技术，如大型海上风电、高效太阳能发电、生物液体燃料等可再生能源高效开发利用，深海油气勘探开发利用、页岩油气和天然气水合物勘探开发利用，先进储能、碳捕集利用和封存，先进超超临界发电和燃气轮机、纯电动汽车、新一代先进压水堆和高温气冷堆核电、快中子反应堆核电、核废燃料处理、地热能和海洋能开发利用等技术。

3. 环境监测技术

习近平总书记强调，“图之于未萌，虑之于未有”[①]，在信息技术时代，要在大数据、云平台、人工智能等信息化智能化技术方面下功夫，构建涵盖大气、水文、土壤和生物多圈层的天地一体化环境监测技术，为生态环境风险的评估、预警和应急管理提供精准的实时数据支持，把各类生态安全隐患消除在萌芽状态，做到“治未病”。

一是要建设布局合理、功能完善、运行稳定的生态监测系统，在重要生态功能区、自然保护区、重点工业企业等实现全区域、无死角的监控监测，实时监控人类干扰活动，及时发现破坏生态环境、危害生态安全的行为，并依法依规进行处理。二是要定期对生态风险开展全面调查评估，依托生态环境监管平台和大数据，运用云计算、人工智能、物联网等信息化手段，全面掌握污染物排放及生态系统构成、分布与动态变化，加强对苗头性、倾向性、潜在性生态问题的预研预判，为精准高效加强源头治理、考核问责地方政府落实生态安全职责提供科学依据和技术支撑。三是要建立突发环境事件应急预案编制和管理体系，做好相关物资、技术和人力资源储备，完善多级联动的突发环境事件应急网络，最大限度地控制和降低生态环境问题引发的公共危机。

---

① 《习近平关于防范风险挑战、应对突发事件论述摘编》，北京：中央文献出版社2020年版，第105页。

生物安全风险具有难以发现、传染性强、危害范围广等特点，在全球化趋势下，人流、物流和信息传播更加便捷，也使生物安全问题更加突出和敏感。习近平强调要“把生物安全纳入国家安全体系”，“全面提高国家生物安全治理能力”[①]。尤其我国是世界上拥有邻国最多的国家之一，与中国陆上接壤的国家有14个，隔海相望的国家有6个，地缘因素使得我国周边生态安全问题繁多，跨界影响关系复杂，外来物种入侵事件频繁发生，根据生态环境部发布的《2019中国生态环境状况公报》，全国已发现660多种外来入侵物种，其中，71种对自然生态系统已造成或具有潜在威胁。生物多样性减少和遗传资源流失使得原本寄宿于野生动植物的病毒增加了溢出和扩散的风险，威胁我国人民群众乃至整个人类的生存和发展。为此，要特别注重生物安全风险监测与识别的新技术和新方法研究，优化整合前沿生物技术、检验检疫技术、遥感技术、大数据技术等技术手段，加强人与动植物等新发突发传染病疫情、生物技术谬用、外来生物入侵、实验室生物安全以及人类遗传资源和特殊生物资源流失等国家生物安全关键领域的科技攻关，探索新的快速准确的检测手段，探明外来物种的

① 习近平：《全面提高依法防控依法治理能力，健全国家公共卫生应急管理体系》，《求是》2020年第5期。

入侵机理、危害性及其控制措施，构建起涵盖风险监测预警、风险调查评估、信息共享、调查溯源等的生物威胁防御科技支撑体系，最大程度地保障人民群众生命安全和总体国家安全。

（三）提高绿色技术产业化水平

习近平指出，“科技革命必然引发产业革命。科技创新及其成果决不能仅仅落在经费上、填在表格里、发表在杂志上，而要面向经济社会发展主战场，转化为经济社会发展第一推动力，转化为人民福祉”，“要以培育具有核心竞争力的主导产业为主攻方向，围绕产业链部署创新链，发展科技含量高、市场竞争力强、带动作用大、经济效益好的战略性新兴产业，把科技创新真正落到产业发展上”①。当前世界各国特别是发达国家纷纷出台政策、投入巨额资金，以技术创新为主线，加快绿色技术研发和科研成果的实际应用，提高先进技术装备的应用普及率，抢占经济科技竞争制高点。全球环保产业市场规模已从1992年的2500亿美元增至2019年的11682亿美元，年均增长率5.9%，超过全球的经济增长率（2019年为3.1%）。比如，日本政府建设了以企业为产品化研发主体的科技创新体系，企业在技术研发的投

① 《习近平关于科技创新论述摘编》，北京：中央文献出版社2016年版，第97页。

入约占总研发经费的80%，通过政策与机制加速，保障技术的转移与成果的转化[①]。

提高我国绿色技术产业化水平需要着重从以下几个方面入手。

1. 促进产学研深度融合

高校在小型研发端有独特的优势，其具有高水平的研究人才和相对完备且先进的仪器设备，但涉及中试放大环节，即在实验室小规模生产工艺路线打通后，采用该工艺在模拟工业化生产的条件下，验证放大生产后原工艺的可行性，这往往需要研究人员在校外点对点地寻找合适的场地来进行，技术人员的派驻及中试进度的跟踪指导都会产生一定的困难。企业端则与高校相反，企业出于成本的考虑，往往在实验室的投入和高端人才的引进上有所欠缺。产学研合作就是解决这个矛盾的有效途径。

企业要加强与高等学校、科研机构的联合协作，根据优势互补、利益共享的原则，建立双边、多边技术协作机制，组织力量进行攻关，有重点地突破环保产业发展的关键、共性技术领域，发展一批在国内具有竞争优势、市场占有份额大的主导产品。如清华大学与苏州市

① 么新、熊天煜、郭文婷等：《中国生态环境科技创新体系建设研究》，《中国环境管理》2020年第6期。

政府联合共建的清华苏州环境创新研究院，是为整合环保产业资源，连接优秀技术成果与市场需求，通过企业合作、产业集成助力企业科技水平提升，协助初创与中小企业发展的新型环保专业化科创平台。清华苏州环境创新研究院可以同时提供专业的实验室与定制化、场景化的中试基地，依托自身的高校背景能够吸引高水平的人才从事相关技术创新工作，丰富的专家资源也是有效提高科技创新效率的保证。

2．积极建设高新环保技术产业化基地

建设高新技术产业开发区，是我国经济和科技体制改革的重要成果，是符合我国国情的发展高新技术产业的有效途径。现阶段要进一步加大国家高新技术产业开发区综合配套改革的力度，增强为各类企业转化高新绿色技术成果提供服务的功能，营造吸引、凝聚优秀科技人员和经营管理者创新创业的良好环境，成为绿色技术创新、科技成果产业化和高新绿色技术产品出口的重要基地，在区域经济发展和环境保护中发挥辐射和带动作用。

中央政府可以考虑选择节能环保产业发展基础好的地区，建设一批产业集聚、优势突出、产学研用有机结合、引领示范作用显著的节能环保产业示范基地，支持成套装备及配套设备、关键共性技术和先进制造技术的生产制造和推广应用，形成规模效应，实现集聚式、规模化发展。

地方政府在完善节能环保产业技术创新体系的基础上，突出特定区域培育节能环保产业的重点领域，着力培育特色节能环保产业基地，以产业基地的形式吸引投资、技术与人才，注重产业基地的特色产品优势，不断提高产业竞争力。

3. 支持发展多种形式的民营环保科技企业

民营科技企业是发展我国高新技术产业的一支新生力量，在我国经济和科技发展中起到越来越重要的作用。习近平指出，“要面对现实需求，通过形成良好市场环境，发挥企业主体作用，发挥不同地区比较优势，大力推动产业化进程”[①]。

各级政府要对民营环保科技企业给予支持，特别是助力中小企业“首台（套）”[②]落地。环境技术企业的首台套工程案例，对于企业的发展是至关重要的，有的企业为了首台套工程能够落地，甚至要接受在工程稳定运行达标两三年后才收款的条件，长期的大额垫资对于

① 《习近平关于科技创新论述摘编》，北京：中央文献出版社2016年版，第100页。

② 指首台（套）重大技术装备，即在国内和省内实现重大技术突破、拥有自主知识产权、用户初步使用或尚未取得市场业绩的装备产品。

绝大多数初创企业都是毁灭性的打击，这也在很大程度上导致许多创新技术难以落地。因此，国家要鼓励设立中小企业公共服务平台，出台扶持政策，支持中小型节能环保企业开展技术创新和产业化发展。要从管理制度上保证民营科技企业能够平等地参与政府环保科技计划项目的竞标。

各级财政部门要帮助和支持民营环保科技企业解决产权关系不清的问题。对因历史原因造成的民营科技企业与国有企事业单位的产权纠纷，要本着保护国有资产权益、有利于鼓励成果转化、支持科技人员创业的原则妥善解决。允许民营环保科技企业采用股份期权等形式，调动有创新能力的科技人才或经营管理人才的积极性。

4. 大力发展环保科技中介服务机构

科技创新成果转化与产业发展是一项系统性工程，涉及需求的挖掘、技术的引进、人才的配套、资金的支持、市场的推广等诸多方面。市场中的第三方服务机构往往只聚焦其中的一两个方面，无法给予创新项目全方位、全生命周期的支持，因此需要搭建创新平台，通过平台汇聚各类服务和资源，发挥集群效应。早在2016年，国家发展改革委即提出要建设环保创新平台，但目前国内专业从事环境领域创新活动的平台并不多，环境更多被作为了平台多样化业务中的一个可选项。考虑到环保的公益性和生态环境科技创新体系强政策驱动特征，环境创新平台的搭建离不开政府的参与和指导。由政府搭台，高校和研究机构导入技术资源，按照市场化机制进行运营，向第三方平台方向发展，是一条可以尝试的建设路径。

国家要尽快制定和完善关于环保科技中介服务组织的法规，规范其行业行为，加强管理，为企业特别是广大中小企业提供经营管理、技术、市场营销、信息、人才、财务、金融、法律等方面的服务。要进一步培育和健全环保技术市场，加强重大环保技术供需信息库以及科技信息网络等基础设施建设，形成全国乃至国际的绿色技术交易市场。自2013年起，经科技部批准，全国已建设了多个国家技术转移中心，如国家技术转移东部中心是由科技部、上海市人民政府共同推进建设的国家级区域技术转移平台，提供技术交易、产业孵化等服务。同时，环境技术线上交易平台也不断涌现，如生态环境部主管的国家生态环境科技成果转化综合服务平台，汇聚了生态环境部近十多年组织研发的环境治理技术类和管理类成果4000多项，为各级地方政府、环境技术转化机构提供了技术信息支持。

环境技术的技术鉴别是现阶段科技创新里比较缺失的环节，做好这方面的工作，可以让技术采购方能够了解技术，有利于创新技术被采用；可以让投资人能够看懂技术，有利于环境技术的投融资；可以让孵化平台能够深挖技术，有利于为技术提供更适合的产业服务与配套。通过分析环境技术本质的特征，挖掘更多与其相关联的技术，能够使环境技术得到飞速创新发展。国内目前缺乏真正能够对环境技术进行识别、判断的机构，更不用说通过应用需求端深挖技术创新源头促成重大突破了。政府应该牵头加强绿色技术评估体系的建设，设立一批具有技术沉淀的环保科技中介服务专业化机构对绿色技术进行评估、挖掘，并做好产业端的赛道匹配。

案例：

绿色技术银行为技术转移转化开辟新途径

2015年世界各国在联合国发展峰会上签署《联合国2030年可持续发展议程》，对科技创新驱动可持续发展达成共识。我国作为全球可持续发展的积极倡导者和先行者，提出建设“绿色技术银行”。科技部作为该项工作的牵头单位，把建设绿色技术银行纳入《“十三五”国家社会发展科技创新规划》和连续多年的科技部党组一号文等重要文件。

“绿色技术银行”建立“三化”融合的科技成果转化机制，推动绿色科技成果向现实生产力转化。“绿色技术银行”按照“国际化”思维，打造“绿色技术库”和“资源汇聚平台”，集聚全球技术、资本、人才、管理等要素，创新绿色技术转移转化新机制，肩负起参与国际绿色技术转移机制建设的重任；依照“市场化”理念，发挥市场配置资源的决定性作用，打造“绿色技术金融平台”，建立符合“银行”特征的运行管理机制，促进科技金融紧密结合；秉持“专业化”思维，打造“一站式”创新服务平台，引导绿色环保领域科研活动面向产业发展，促进科研管理向创新服务转变，提供专业化咨询、管理、孵化、转移等服务。

几年来，绿色技术银行针对重点领域，聚焦国家科技重点专项生态环保相关技术成果，面向市场提供了高质量的转移转化服务。在资源循环利用领域，联合科技部评估中心已形成循环经济产业园方案，结合先进技术，积极向云南省红河州个旧市政府进行推介，围绕个旧市及周边地区的矿业，推进规划、建设资源无害化循环利用产业园。在环境治理领域，汇集了多项水体净化技术，并推动在上海市虹口区、闵行区等开展治理修复示范，并向太原市等地重点推介。在生态修复领域，推动20多项先进技术面向市场推动落地。在清洁能源领域，推动技术成果转移转化。目前有超过10项的绿色技术转移转化协议（合同）正在洽谈，3个已经达成明确意向，合同金额超过亿元。

比如，2018年2月，国务院正式批复太原市为国家可持续发展议程创新示范区，绿色技术银行主动对接，与太原市人民政府签署战略合作协议，全面推动区域绿色技术成果转移转化示范，并经多次组织专家调研，就重点项目与太原企业深入论证，初步筛选出了20项需求。此后，绿色技术银行又与太原科技局、中国21世纪议程管理中心共同策划“绿色技术专项活动”，梳理出15个有针对性的重点项目进行对接。同时，转移转化平台帮助太原市科技局评估科技成果中试孵化项目，第一阶段已评估10个项目，获得了太原市科技局的高度认可，第二阶段正在评估近50个项目。

另外，绿色技术银行筛选适用绿色技术，面向新疆、西藏等少数民族地区务实开展科技扶贫工作。西藏日喀则市亚东县是生态脆弱地区，绿色技术银行支持上海海洋大学开展“亚东鲑鱼人工规模化繁育”技术成果转移工作，项目“不占耕地、绿地、林地”，实现约8000平方米养殖场地建设，每年投放5.5万尾以上鱼苗，初步形成“繁育—养殖—冷链储运—线上线下销售”的完整产业链，直接带动资本投资近3亿元，带动了3个乡镇4个村（居）849户、2343人增收，亚东县在西藏地区率先实现脱贫摘帽。

——资料来源：《为绿色技术转移转化开辟新途径——“绿色技术银行”在上海启动》，《科技日报》2016年9月14日；《绿色技术银行务实推动可持续发展》，《经济参考报》2019年5月16日

（四）加快绿色科技体制机制改革

习近平说，“实施创新驱动发展战略，提高自主创

新能力是关键环节，而提高自主创新能力需要从体制机制等多方面来保证”，要“进一步突出企业的技术创新主体地位，使企业真正成为技术创新决策、研发投入、科研组织、成果转化的主体，变‘要我创新’为‘我要创新’”，[①]以改革释放创新活力，让一切创新源泉充分涌流。

1. 建立绿色科技知识产权保护制度

强化知识产权保护，是促进我国绿色技术自主创新及自主知识产权创造、运用、保护和管理，提升中国绿色产业未来竞争力和发展权益的基本制度保障。

案例：

重庆市绿色技术知识产权保护专项行动方案

2020年7月，重庆市印发《重庆市绿色技术知识产权保护专项行动方案》，提出了加强绿色技术知识产权高质量创造、完善绿色技术知识产权保护工作体系、实施绿色技术创新专利导航等6项主要任务，强化绿色技术知识产权保护与服务。

第一，要加强绿色技术知识产权高质量创造。

深入实施高价值专利培育计划，建立企业、高校、科

① 《习近平关于科技创新论述摘编》，北京：中央文献出版社2016年版，第55页。

研机构与服务机构协同创新机制，在绿色技术关键材料、仪器设备、核心工艺、工业控制装置等核心环节布局一批高价值核心专利（组合）。强化企业、高校知识产权高质量创造、高效益运用、高标准保护、高水平管理能力建设，培育一批知识产权优势示范企业和国家知识产权试点示范高校。

第二，完善绿色技术知识产权保护工作体系。

依托市区（县）两级知识产权执法协作联动机制，加强绿色技术知识产权保护的统筹协调、监督指导和法制保障，指导区县开展所属辖区的绿色技术知识产权行政执法。促进知识产权、环境保护和市场综合行政执法部门联合会商，对侵犯绿色技术知识产权的重大线索，在立案调查、决定公示、请示答复等各个环节，协调处理行政执法中的普遍性问题和热点难点问题，协商解决有关管理、技术和法律适用问题。建立绿色技术侵权行为信息记录，开展知识产权失信联合惩戒。

第三，实施绿色技术创新专利导航。

围绕节能环保、清洁生产、清洁能源、生态保护与修复、城乡绿色基础设施、城市绿色发展、生态农业等领域，依托产业专利导航中心、知识产权联盟等开展绿色技术专利信息资源利用和产业专利分析，绘制技术路线图谱，解析产业发展态势，为绿色技术招商引资提供决策参考。

第四，加强地理标志专用标志规范管理。

开展地理标志精准扶贫和商标品牌富农工作，加强农产品商标、地理标志培育和保护，提升农产品加工企业品牌美誉度。深入挖掘地理标志资源，规范登记保护，做好全市地理标志专用标志更换工作，促进跨区域地理标志保护清单互换。

第五，推动绿色技术知识产权运用。

鼓励绿色技术创新企业开展知识产权贯标。举办知识产权质押融资银企对接活动，引导专利商标混合质押，加大对绿色技术创新企业运用知识产权开展质押融资、信用贷款的支持力度。

第六，加强对绿色技术知识产权工作的宣传。

通过“4·26世界知识产权日”“知识产权服务万里行”“全国知识产权宣传周”等活动加强对绿色技术知识产权工作的宣传，引导各类媒体加大对绿色产品的宣传力度，营造绿色技术创新文化氛围，积极引导绿色发展方式和生活方式。

——资料来源：重庆市知识产权局官网，http://zscqj.cq.gov.cn/zwxx_232/tzgg/202007/t20200710_7667401.html

2. 牢牢把握集聚绿色科技人才大举措

习近平说：“人才是创新的第一资源。没有人才优势，就不可能有创新优势、科技优势、产业优势。培养集聚人才，要有识才的眼光、用才的胆识、容才的雅量、聚才的良方，健全集聚人才、发挥人才作用的体制机制，创造人尽其才的政策环境。”①

要坚持以用为本，按需引进，重点引进能够突破关键技术、发展高新技术产业、带动新兴学科的战略型人才和创新创业的领军人才。要放手使用人才，在全社会营造鼓励大胆创新、勇于创新、包容创新的良好氛围，既要重视成功，更要宽容失败，为人才发挥作用、施展才华提供更加广阔的天地，让他们人尽其才、才尽其用、用有所成。要完善促进人才脱颖而出的机制，完善人才发现机制，不拘一格选人才，培养宏大的具有创新活力的青年创新型人才队伍。要重视发挥技术工人队伍作用，让他们参与环保工艺改进和产品设计，充分发挥他们的创新才能。

要健全成果转化专业人才的培养体系。目前的创新体系下，存在重市场人才和技术人才、轻成果转化专业人才的现象，成果转化专业人才往往被简单定位为行政办公人员，认为他们只是提供一些流程性服务，这样就使得科创工作者的积极性与主观能动性受到打击，业务

① 《习近平关于科技创新论述摘编》，北京：中央文献出版社2016年版，第116页。

能力较难获得提升，项目方也无法享受到高质量的科创服务。人员专业性不够，各方评价偏低，难以吸引到更高素质的从业者，从而更难提升专业性和认可度，这一怪圈正在逐渐形成。要打破怪圈，就要加强对现有人员和潜在从业者的培养，提高其创造价值的能力。比如，2020年，由清华大学五道口金融学院开设的非全日制金融硕士（技术转移）学位项目已经启动了首届招生工作。该项目是国内首个聚焦科创与金融深度融合的硕士学位项目，旨在培养兼具科技创新能力和金融创新能力的复合型高端人才。这样定向服务技术转移的深度培养计划已经较目前的短期培训计划有了很大的提升，但这只是个开端，未来如果能将科技成果转化的课程写入高校课本，让接触科研的一线人员都认识到成果转化的价值，相信会有更多的人才投入成果转化的工作中。

用好人才，还要用好企业家。企业家是推动创新的重要动力。世界上一些很著名的企业家并不是发明家，但他们是创新的组织者、推动者。企业家有十分敏锐的市场感觉，富于冒险精神，有执着顽强的作风，他们在把握创新方向、凝聚创新人才、筹措创新投入、创造新组织等方面可以起到重要作用。要推动企业家积极投身绿色科技创新事业，依法保护企业家的财产权和创新收益，消除他们的后顾之忧，激发他们的创新激情。

3. 改善对绿色技术创新的金融服务

环保行业是一个经常需要垫资、杠杆率很高的领域，外部资金能否迅速及时地注入，会成为投标项目能否被拿下和顺利做完的“卡脖子”环节。广义股权融资相对漫长的谈判、尽调流程，与环保行业对资金的高敏感性不完全匹配。生态环境科技创新项目的发展壮大，更依赖政府政策支持和引导下构建多元化的投融资体系。

金融机构要充分发挥信贷的支持作用，积极探索多种行之有效的途径，改进对绿色科技型企业的信贷服务。依据企业的不同特点建立相应的授权授信制度，完善资金管理办法，增加信贷品种，拓展担保方式，扩大绿色科技信贷投入。对符合条件、能提供合法担保的科技项目，要优先发放科技贷款与技改贷款；对于有市场发展前景、技术含量高、经济效益好、能替代进口的高新技术成果转化和技术改造项目，要提高贷款支持力度。国家要对高新绿色技术产品出口在信贷和贴息方面给予扶持。

要培育有利于高新绿色技术产业发展的资本市场，逐步建立风险投资机制，发展风险投资公司和风险投资基金，建立风险投资撤出机制，加大对成长中的高新技术企业的支持力度。引进和培养风险投资管理人才，加速制定相关政策法规，规范风险投资的市场行为。优先支持有条件的高新绿色技术企业进入国内和国际资本市场，在做好准备的基础上，适当时候在现有的上海、深圳证券交易所专门设立高新绿色技术企业板块。

第四章

用最严格的制度、最严密的法治保护生态环境

习近平指出，“保护生态环境必须依靠制度、依靠法治。只有实行最严格的制度、最严密的法治，才能为生态文明建设提供可靠保障”[①]。生态文明制度在一定程度上代表了生态文明水平的高低，是生态文明的软实力，是推进生态治理能力现代化的根本之道。马克思在《资本论》中深刻批判了资本主义制度是生态危机的根源，只有建立社会主义制度才能从根本上解决生态环境问题。我国生态文明建设具有社会主义制度的优越性，

① 《习近平关于社会主义生态文明建设论述摘编》，北京：中央文献出版社2017年版，第99页。

当前生态环境保护中存在的一些突出问题，主要与体制机制不健全有关，“要坚持不懈推进节能减排和保护生态环境，不仅要有立竿见影的措施，更要有可持续的制度安排”[①]。党的十八大以来，习近平就完善社会主义生态文明制度体系提出了系列思想，在这些思想的指导下，我国基本完成生态文明制度“四梁八柱”的顶层设计，极大地丰富了马克思《资本论》中关于共产主义社会人与自然实现“和解”的设想，为我国生态环境改善提供了强大的制度保障。

一、资本主义制度是生态危机的根源

纵观人类社会的历史进程，在原始社会阶段，生产力水平极其低下，人们对大自然存在着一种敬畏心理，只能盲目地崇拜自然、被动地顺从和受制于自然；在农业社会阶段，生产力水平有了一定的发展，人类为了自身的生存与发展对大自然进行开发与改造，但人类使用的生产工具还比较简单，尽管也曾经出现过因人类不合理农耕活动诸如毁林开荒、乱捕滥猎导致的生态破坏问题，但那时的生态问题多是局部性、地区性的，并没有

① 《习近平关于社会主义生态文明建设论述摘编》，北京：中央文献出版社2017年版，第107页。

从根本上破坏自然生态系统的平衡，人与自然的关系基本和谐。在资本主义产生以后，生态灾难才大规模来临并蔓延至全世界。

（一）资本的逐利本性

所谓“资本”，马克思对其本质进行了精准论述：“资本不是物，而是一定的、社会的、属于一定历史社会形态的生产关系。”①那么在这种社会关系中，资本表现为什么样的特性呢？

马克思说：“资本只有一种生活本能，这就是增殖自身，创造剩余价值。”②剩余价值表现为利润，因此追逐最大限度的利润就是资本的本性，也是资本主义生产的唯一动力与目的。“生产只要不以被压迫者的最贫乏的生活需要为限，统治阶级的利益就会成为生产的推动因素。在西欧现今占统治地位的资本主义生产方式中，这一点表现得最为充分。支配着生产和交换的一个个资本家所能关心的，只是他们的行为的最直接的效益。不仅如此，甚至连这种效益——就所制造的或交换的产品的效用而言——也完全退居次要地位了；销售时可获得

① 《马克思恩格斯文集》第7卷，北京：人民出版社2009年版，第922页。

② 《马克思恩格斯文集》第5卷，北京：人民出版社2009年版，第269页。

的利润成了唯一的动力。”[①]

关于资本本性，马克思还有诸多经典的论述：“资本害怕没有利润或利润太少，就像自然界害怕真空一样。一旦有适当的利润，资本就胆大起来。如果有10%的利润，它就保证到处被使用；有20%的利润，它就活跃起来；有50%的利润，它就铤而走险；为了100%的利润，它就敢践踏一切人间法律；有300%的利润，它就敢犯任何罪行，甚至冒绞首的危险。如果动乱和纷争能带来利润，它就会鼓励动乱和纷争。”[②]

资本对利润永不知足的贪婪，推动着生产规模的扩大，推动着剥削工人程度的加重，推动着雇佣劳动者队伍的壮大，以不断地满足着资本的欲望。正是这一逻辑，追逐无限大的利润和向全球范围的扩张，对资本主义乃至全世界的破坏就像“永动机”一样无法停止下来。马克思一针见血地指出：“资本来到世间，从头到脚，每个毛孔都滴着血和肮脏的东西。”[③]

① 《马克思恩格斯文集》第9卷，北京：人民出版社2009年版，第562页。

② 《马克思恩格斯文集》第5卷，北京：人民出版社2009年版，第871页。

③ 《马克思恩格斯文集》第5卷，北京：人民出版社2009年版，第871页。

（二）资本逻辑的“反生态性”

马克思在《1857—1858年经济学手稿》中的一段话既揭示了资本的一个重大属性，又分析了这一属性对自然界、生态环境所产生的影响：“如果说以资本为基础的生产，一方面创造出普遍的产业劳动，即剩余劳动，创造价值的劳动，那么，另一方面也创造出一个普遍利用自然属性和人的属性的体系，创造出一个普遍有用性的体系，甚至科学也同一切物质的和精神的属性一样，表现为这个普遍有用性体系的体现者，而在这个社会生产和交换的范围之外，再也没有什么东西表现为自在的更高的东西，表现为自为的合理的东西。因此，只有资本才创造出资产阶级社会，并创造出社会成员对自然界和社会联系本身的普遍占有。由此产生了资本的伟大的文明作用；它创造了这样一个社会阶段，与这个社会阶段相比，一切以前的社会阶段都只表现为人类的地方性发展和对自然的崇拜。只有在资本主义制度下自然界才真正是人的对象，真正是有用物；它不再被认为是自为的力量；而对自然界的独立规律的理论认识本身不过表现为狡猾，其目的是使自然界（不管是作为消费品，还是作为生产资料）服从于人的需要。资本按照自己的这种趋势，既要克服把自然神化的现象，克服流传下来的、在一定界限内闭关自守地满足于现有需要和重复旧生活方式的状况，又要克服民族界限和民族偏见。资本破坏这一切并使之不断革命化，摧毁一切阻碍发展生产力、扩大需要、使生产多样化、利用和交换自然力量和精神力量的限制。”[①]简而言之，资本最主要的属性就是把一切都变成有用的体系。既然资本总是在有用性的意义上看待和理解一切存在物，当然它也要在有用性的意义上看待和理解自然界。

如前分析，人是自然界长期进化的结果，是自然界发展到一定阶段的产物，人的生存发展依赖自然提供生活资料、生产资料和劳动对象。同时，人类的意识来源于自然界，是对自然界的反映，因此，自然界无论对人类肉体的发展成长及其精神世界的建构，都具有基础性、对象性和本体论的重大意义。但是在资本看来，这些都不是它所认为的有用性。所谓“有用物”仅仅是指能创造剩余价值和利润的东西，也就是马克思在上一段所说的“服从于人的需要”。在资本主义制度下，原本是自为力量的自然界被矮化为服从于人的需要的“对象”，“不过是有用物”，而这正是自然走向贫困的逻辑起点。《资本论》从三个方面分析了资本逻辑主导下自然环境受到严重破坏的传导路径。

① 《马克思恩格斯文集》第8卷，北京：人民出版社2009年版，第90、91页。

第一，资本的短视逻辑导致自然不可持续繁衍。马克思以森林资源为例，木材成长需经历漫长的生态周期，而资本是通过快速生产、快速消费从而快速周转实现增殖的，如果按照森林的自然周期来运行，那么资本的周转速度会大幅减慢，利润随之减少，因此，急功近利的资本家只会伐木，不愿意养护森林和投资造林业，长此以往，森林资源得不到持续更新，最终结果就是“无林化”[①]。恩格斯在《自然辩证法》中批判资本的短视逻辑：“当一个资本家为着直接的利润去进行生产和交换时，他只能首先注意到最近的最直接的结果。……怎么会关心到，以后热带的大雨会冲掉毫无掩护的沃土而只留下赤裸裸的岩石呢？”[②]

第二，资本的变现逻辑导致自然空间的污染和超载。利润是通过使用价值在市场上的交换得以实现的，如果商品卖不出去，资本就会积压，不能转化为利润，反而还会让资本家亏本。所以资本家要实现和扩大利润，就必须刺激人的全面的物质欲望，通过消费者的购买行为和扩大消费来实现资本自身增殖的目的。马克思

① 《马克思恩格斯全集》第38卷，北京：人民出版社1972年版，第307页。

② ［德］恩格斯：《自然辩证法》，北京：人民出版社1971年版，第161页。

把这种行径归纳为：一，要求扩大现有的消费量；二，要求把现有的消费推广到更大的范围，以便造成新的需要；三，要求生产出新的需要，发现和创造出新的使用价值。[①]在马克思看来，与资本的增殖原则所带来的资本主义生产的无限扩大相伴随的必然是消费的无限扩大，大量消费与大量生产是紧密相连的，而要大量生产就要大量利用自然资源，同时大量排放垃圾和污染物。但是自然界的许多资源是不可再生的，自然界所能接受废品、垃圾的空间也是有限的，这样就必然导致资本主义生产和消费无限扩大与自然界承载能力之间的尖锐矛盾。

第三，资本超额利润转化逻辑导致优质自然资源过度开发。自然力不像机器产生的人工压力可以在同一生产部门让一切资本自由支配，诸如肥沃土地、瀑布之类的自然条件，仅有限存在于自然界的某些地方，只有那些占据特殊地段及其附属物的人才能支配它，在此特殊地段之外的人则不能利用这种自然力。因而，这种不能由某生产部门创造出来的得天独厚的自然条件，在它的占有者手中就形成一种自然垄断，使得支配自然力的生产者依靠自然动力在同一劳动时间内产出更多使用价

① 参见《马克思恩格斯文集》第8卷，北京：人民出版社2009年版，第89页。

值。于是，在这里个别资本的个别生产价格低于该生产部门的一般资本的一般生产价格，超额利润由此产生。既然自然力表现为资本的生产力，那么要获得这个例外的、有利于提高生产力的自然条件和个别资本，就必须追加额外投资，也就是对以前无须付费的自然付费，作为对一定生产资料的价值补偿。这即是马克思在《资本论》第三卷阐释的超额利润转化为地租的过程，其实质是瀑布、矿山、便利位置等土地所有者租给意图获得超额利润的资本家（无论农业资本家还是工业资本家）使用各种自然力的价格。至于地租多少，则依据自然力能够提供的生产力大小（如土地的自然肥力）而定，体现为不同层次的级差地租。自然力的大小与超额利润和地租成正比关系，这种利益驱动资本家千方百计获取优质自然资源的所有权和使用权，以获得远远超过其劳动价值的社会剩余价值，结果就是该自然资源被疯狂哄抢和密集开发，最终难逃枯竭的命运。

（三）生态资本主义的幻象

资本内在的效用原则决定了自然界对于人类而言仅仅是“人的对象”，不过是“有用物”而已。自然界就是在资本这一抽象的形式中表现自己的存在，从而失去了“感性的光辉”。正如美国学者约翰·贝拉米·福斯特所言：“资本主义经济把追求利润增长作为首要目的，所以要不惜任何代价追求经济增长，包括剥削和牺牲世界上绝大多数人的利益。这种迅猛的增长通常意味着迅速消耗能源与材料，同时向环境倾倒越来越多的废物，导致环境急剧恶化。”[①]总之，资本主义的发展史就是一部生态破坏史。资本主义的发展加速了劳动与技术的结合，极大地提升了社会生产能力，同时迅速而深刻地摧残一切财富的源泉——自然资源（土地等）和人的自然力（劳动），而且这种破坏还通过商业贸易而远及国外，造成全球新陈代谢和物质变换的断裂。那么，这种灾难性的大面积破坏可能停止吗？马克思说，自然危机的根源在于资本主义制度，只要资本主义制度尚存一天，自然力的破坏就不会停止，因为资本的无限扩张逻辑和逐利本性强烈排斥社会对自然的合理调节，它们甚至理直气壮：“财富不就是人对自然力——既是通常所谓的‘自然’力，又是人本身的自然力——的统治的充分发展吗？”[②]

进入21世纪，面对日趋严重的资源环境约束，西方学者提出利用市场调节、政策革新、财政补贴、道德规

① ［美］约翰·贝拉米·福斯特：《生态危机与资本主义》，耿建新、宋兴无译，上海：上海译文出版社2006年版，第2页。

② 《马克思恩格斯文集》第8卷，北京：人民出版社2009年版，第137页。

范等手段以推动生态化的资本主义，实现“更加迅速的经济增长”。当前三种主流的生态资本主义观点及其批判分别如下：

第一种观点认为，按照“污染者付费”原则，采用市场手段如生态税、许可证制度等可以鞭策企业为降低成本而寻找办法减少污染。确实，资本主义自私自利的本质和利润最大化的动力会促使企业发明和引进更好的技术，提高资源利用效率，但是杰文斯悖论证明这将消耗更多资源。

所谓“杰文斯悖论”，是指19世纪经济学家杰文斯在研究煤炭的使用效率时发现，在提高煤的使用效率方面，原本以为效率的提高能满足人们对煤的需求，然而结果是，效率越高，消耗的煤就越多，煤炭总量就会更快耗竭，人们的需求无法得到满足。公众可能对杰文斯悖论比较陌生，但事实上，这一悖论，大到对国家的发展，小到对我们普通民众的生活都有影响。我们日常谈论的雾霾现象就是杰文斯悖论存在的有力证明：汽油利用技术的改进提高了汽油利用效率，但同时也使得马路上的汽车增加了，这反过来加速了汽油的消耗，同时也会加剧空气污染。

而且，面对增加的生态税收，企业会想方设法将环境成本外部化，比如提高商品价格、广告游说人们购买更多商品以增加销售量，甚至跨境转嫁污染或者从发展中国家进口廉价原材料，以另一个国家的不可持续性作为代价实现“进口可持续性”，最终造成更大规模的环境破坏和更多资源浪费。

第二种观点可被称作生态凯恩斯主义，其拥护者希望采取大规模的国家行动，解决生态问题同时解决失业问题。他们主张：国家大量投资生态重建；为中小型企业提供补贴刺激它们发展环境友好技术；建立生态指令，规定限度、弹性收费、颁布禁令；国家生态项目所需要的资金来自新的税收、更高比率的现有税收和预算资金的再分配。

问题是，这些资金能得到保障吗？国家的税收改革在短期内会获得一些额外的财政收入，但过重的税收负荷会对经济产生负面影响进而导致国民生产总值降低，最终国家的税收总收入将不可能有任何增加。从现实来看，如今资本主义国家正经受着普遍的财政危机，他们可能把大量的支出用于保护环境吗?!

生态凯恩斯主义希望通过生态技术的出口实现本国国民经济的发展，比如，德国渴望通过征服一个新的市场来创造工作机会，但是他们没有意识到全球化时代科技的溢出效应，“难道其他工业国家的人们，其大脑细胞少一些或者教育、培训和研究的设施要差一些"[①]？他国不可能一直保持落后状态，对国外生态技术的需求终会被本国自主创新技术所代替。同20世纪70年代凯恩斯主义国家干预未能克服经济停滞一样，今天的生态凯恩斯主义也终将失败。

第三种是稳态资本主义的观点，设想通过控制人口规模和损耗配额，使资源的生产量保持在生态极限之内，建立一个稳态经济，在这个稳态经济中企业家能继续创造利润，经济能够继续增长。

可是，既然资源消耗不允许增加，而且在劳动者和资源生产力达到最佳组合时所有的商品和服务生产都不能增加，那么任何商业部门中一个企业的销售增加都只能以另一个企业的销售亏损作为代价，因此在稳态经济中，如果资本主义继续存在，竞争肯定会比今天更为残酷，并将产生垄断、犯罪等新问题。

稳态资本主义还提到给予市场"必需的道德框架"，"真正永久地、文明地解决"问题，他们设想建立一些分配制度将财富和收入的不平等限制在一个合理的范围之内，其中富人不能超过收入和财富的上限，保障穷人最低收入，同时私人所有权通过个人努力而不是继承或

① ［德］萨拉·萨卡：《生态社会主义还是生态资本主义》，张淑兰译，济南：山东大学出版社2012年版，第176页。

横财来获得，这样，任何的私人所有权包括银行结余和股息在人死后都将变成全社会的所有权。但是，如果稳态的或者生态的资本主义获得预期成功的前提条件是道德提高，那么对于任何类型的资本主义而言，这都是不可能满足的，因为这种平等或者限制不平等的理念侵犯了资本主义追求利润最大化的根本利益，资产阶级会利用无限的不平等为资本主义辩护和斗争，甚至反对生态资本主义。

通过以上分析可见，生态资本主义不过是假设的乌托邦而已。资本主义的本性内在地决定了在资本主义制度下不可能实现真正意义上的绿色发展。马克思在《资本论》行将结尾之际，表达了对资本主义社会无法实现自由王国的遗憾，因为，“事实上，自由王国只存在于真正物质生产领域的彼岸”，只有在更高级社会形态的共产主义社会中，联合起来的生产者，在最无愧于和最适合于人类本性的条件下，理性、合理地调节他们和自然之间的物质变换，“真正的自由王国，就开始”[①]。

只有对我们迄今存在过的生产方式以及和这种生产方式在一起的我们今天整个社会制度的完全的变革，即

① 《马克思恩格斯文集》第7卷，北京：人民出版社2009年版，第928、929页。

改变历史上出现过的生产方式以及同这种生产方式相联系的私有制度，建立社会主义和共产主义制度，才能实现人类同自然的和解及人类本身的和解，走上人与自然和谐发展之路。因为共产主义和社会主义“是对私有财产即人的自我异化的积极的扬弃，因而是通过人并且为了人而对人的本质的真正占有；因此，它是人向自身、也就是向社会的即合乎人性的人的复归，这种复归是完全的复归，是自觉实现并在以往发展的全部财富的范围内实现的复归。这种共产主义，作为完成了的自然主义，等于人道主义，而作为完成了的人道主义，等于自然主义，它是人和自然界之间、人和人之间的矛盾的真正解决，是存在和本质、对象化和自我确证、自由和必然、个体和类之间的斗争的真正解决”[①]。

二、新时代生态文明制度的重大创新

党的十八大以来，党中央将生态文明建设纳入中国特色社会主义事业“五位一体”总体布局，加快推进生态文明顶层设计和制度体系建设，相继出台《关于加快推进生态文明建设的意见》《生态文明体制改革总体方

---

① 《马克思恩格斯文集》第1卷，北京：人民出版社2009年版，第185页。

案》，制定了40多项涉及生态文明建设的改革方案，修订《中华人民共和国环境保护法》，从总体目标、主要原则、重点任务、制度保障等方面对生态文明建设进行全面系统部署。2013年，党的十八届三中全会通过的《中共中央关于全面深化改革若干重大问题的决定》首次明确要建立生态文明制度体系，“建设生态文明，必须建立系统完整的生态文明制度体系，实行最严格的源头保护制度、损害赔偿制度、责任追究制度，完善环境治理和生态修复制度，用制度保护生态环境”[①]。2014年，党的十八届四中全会提出用最严格的法律制度保护生态环境。2015年，党的十八届五中全会确立了包括绿色在内的新发展理念，提出完善生态文明制度体系。2017年党的十九大报告指出，加快生态文明体制改革，建设美丽中国。2019年，党的十九届四中全会从实行最严格的生态环境保护制度、全面建立资源高效利用制度、健全生态保护和修复制度、严明生态环境保护责任制度四个方面，提出了坚持和完善生态文明制度体系的努力方向和重点任务。

（一）“长了牙齿”的《环境保护法》

改革开放以来，我国在生态文明制度建设方面进行

① 《中共中央关于全面深化改革若干重大问题的决定》，北京：人民出版社2013年版，第63页。

了不懈的努力，包括实行环境保护基本国策，制定以环境保护法为主体的一系列法律法规等，建立了一系列基本的制度，但这些制度的作用并没有充分发挥出来。除了有些领域依然存在制度空白、无法可依的情况以外，还有一个重要的原因就是违法成本很低以及执法不力的问题突出。如我国《森林法实施细则》第22条规定，对伪造证件砍伐树木或倒卖树木采伐许可证、木材运输证的，处50元到100元罚款。这样的处罚力度对违法行为谈何威慑力？又如对进口引进设施的污染问题，虽然我国《环境保护法》第35条规定“禁止进口有污染危害的设施，违者罚款”，但却没有规定罚款数额。2004年沱江特大污染案造成沱江中下游百万人饮水中断、出现大量死鱼、水生态功能遭受严重破坏，给社会生产、生活造成巨大影响，直接经济损失达到3亿元，而事故责任方企业受到的罚款也只不过100万元。相比生态环境破坏程度和损失而言，此类处罚力度过轻事例在我国比比皆是，对于违法者犹如隔靴搔痒，根本无法达到惩戒违法、遏制污染的作用。同时，在地方保护主义的庇护下，有法不依、执法不严、违法不究的现象屡见不鲜，从某种意义上讲，这种执法困局是过去几年重特大环境污染事故频发的根源。

针对环境保护中有法不依、执法不严、违法不究等顽疾，习近平提出“两个最严”：“只有实行最严格的制度、最严密的法治，才能为生态文明建设提供可靠保障”[①]，强调在生态环境保护问题上，不能越雷池一步，否则就应该受到惩罚，“在这方面，没有商量的余地，绝不能搞变通、求通融；不能手软，也不能下不为例”[②]。

党的十八大以来，在习近平“两个最严”思想的指示下，我国组织修订了与环境保护有关的法律法规，在环境保护、环境监管、环境执法上添了一些硬招，不断增强生态文明的制度刚性。比如，2014年4月24日，经过四审的《中华人民共和国环境保护法》在第十二届全国人大常委会第八次会议上修订通过，自2015年1月1日起施行。新修订的《中华人民共和国环境保护法》被称为“史上最严”的环境保护法，这种“最严”体现在三个方面：第一，新增“按日计罚”的制度，即对持续性的环境违法行为进行按日、连续的罚款，这意味着，非法偷排、超标排放、逃避检测等行为，违反的时间越久，罚款越多；第二，新的《环境保护法》作为一部行

① 《习近平关于社会主义生态文明建设论述摘编》，北京：中央文献出版社2017年版，第99页。

② 慎海雄主编：《习近平改革开放思想研究》，北京：人民出版社2018年版，第271页。

政法律，罕见地规定了行政拘留的处罚措施，对污染违法者将动用最严厉的行政处罚手段；第三，个别地方企业的污染行为之所以肆无忌惮，背后是当地官员基于畸形政绩观的默许纵容，对此新《环境保护法》将拿“保护伞”开刀，具体规定是，若领导干部虚报、谎报、瞒报污染情况，将引咎辞职。

案例：

5.2亿!我国惊现环保史上最大罚单!

2020年1月6日上午，南京市中级法院举行南京法院2019年度十大典型案件、十大优秀案件颁奖暨发布会。某污水处理公司、郑某等污染环境案入选了2019年度十大典型案件。

2014年至2017年，南京某污水处理公司接收了一些企业的高浓度废水，在没有处理的情况下，直接用暗管将其排入了长江。其间，还人为篡改了在线监测仪器的相关数据，逃避环保部门监管。经过鉴定，非法排放的废水、污泥、危险废物，共造成生态环境损害数额达2.5亿元。

法院查明，郑某作为该公司总经理，明知下属实施上述污染环境行为，未加制止或及时采取措施，而选择默许纵容。该公司的部门经理、班长、主管等人员，分别参与组织、实施偷排废水、污泥、危险废物等行为。南京市玄武区法院对上述污水处理公司及12名被告作出一审判决：被告人郑某等12人犯有污染环境罪，分别被判刑1年至6年不等，并处200万元至5万元不等罚金；涉事污水处理公司被判处罚金5000万元，违法所得予以追缴上交国库。

另外，南京检察机关还对该污水处理企业提起刑事附带民事公益诉讼，要求涉事污水处理公司赔偿4.7亿元环境修复费用，获得法院支持。这家污水处理公司的罚款金额加上环境修复费用，最终付出了5.2亿元的惨重代价。

据办案法官介绍，截至目前，这是国内开出的污染环境"最严厉罚单"。对此，该案主审法官表示，负责处理污水的污水处理公司偷排污水，性质极其恶劣。案件的审判只有体现从严从重的原则，方能达到惩罚和震慑的目标，用最严格的制度、最严密的法治，来保护生态环境。

——资料来源：《被罚5.2亿！谁应该从"最严环保罚单"记取教训》，《北京青年报》2020年1月10日

（二）河长、湖长是什么"官"？

江河湖泊具有重要的资源功能、生态功能和经济功能。据统计，我国流域面积50平方公里以上河流共45203条，常年水面面积1平方公里及以上的天然湖泊共2865个[①]。长期以来，我国实行流域管理与行政区域管

① 王浩：《我国将全面建立四级河长体系（在国新办新闻发布会上）》，《人民日报》2016年12月13日第09版。

理相结合、统一管理和分级管理相结合的河湖管理体制。但是随着经济、社会快速发展，我国河湖管理保护出现了一些新问题，例如，河流干涸、湖泊萎缩、水环境状况恶化等现象日益突出，原有的河湖管理体制也面临着优化升级的需求。

2016年10月11日，中央全面深化改革领导小组第二十八次会议审议通过了《关于全面推行河长制的意见》。“河长”“湖长”，顾名思义，一河之长，是管理河道和湖泊的最高治水长官。最早在全国实行河长制的是浙江省长兴县。2003年，浙江省长兴县为创建国家卫生城市，对每一条道路、每一个街道、每一条河流都采取责任包干制，城区面貌很快焕然一新。2016年，我国将长兴经验在全国推广，实行河长制。2017年，在全国实行湖长制。

以前，一条河流分上游下游、水里岸上，治理部门多，权责难清。现在，每条河流都有了责任人，每条河流都有人管，避免了实践中出现的责任推脱问题。像长江、黄河这样的大江大河，跨越了若干个省份，要分级分段设立河长，由流经省份的省级领导担任，负责协调省内相关工作，有利于强化部门之间的协调和配合，搭建一个有效的工作平台。

河长、湖长的日常工作可以归纳为五个方面：保护水资源，保障群众水源安全；落实防洪除涝措施，及时排除城乡沥涝；实施水污染防治，排查入河湖污染源，治理黑臭水体；加强水生态修复，恢复河湖水系的自然连通，提高水生生物多样性；执法监管，严厉打击非法排污、捕捞、采砂、围垦、侵占水域岸线等涉河湖非法活动。

什么人可以当河长、湖长呢？有两类河长、湖长。一类是“官方河长”，也就是由省、市、县、乡的主要领导担任河长、湖长，协调并组织各部门开展河流的保护和治理工作。广东、贵州、浙江等省份还在中央要求的基础上，将河长体系延伸至村一级，设立省、市、县、镇、村五级河长。另一类是“民间河长”。各县区都聘请了当地企业负责人或者关心环境保护的居民担任“企业河长”“百姓河长”。河长没有国籍限制，只要是热心河湖保护治理的人都可以成为河长，因此，外国人也能当河长，我们称为“洋河长”。目前，已有来自英国、荷兰、波兰、南非等不同国家的“洋河长”，主要开展河道日常巡查、河道垃圾清理、河道周边企业排污监督、及时上报发现的违法违规行为等。有一些“洋河长”作为当地的民宿业主，他们在维护身边水环境、保护秀丽风景的同时也从中受益。需要强调的是，“民间河长”不能代替“官方河长”的职能，各级党政领导要承担河道治理的主要责任，充分发挥“民间河长”的积极性，把河流管理和保护得更好。

我们在河流的醒目位置竖立了河长公示牌，在这些牌子上清楚标明了河长姓名、职务、职责、河流起止点、管护目标、河长手机号码等，便于民众打电话举报和投诉。2018年底，我国已经全面建立河长制，目前，全国有省、市、县、乡四级河长、湖长30多万名，还有90多万名村级河长、湖长在护河湖的最前哨。

河湖要治“病”，首先要做“体检”。河湖长奔赴各自负责的河道，用脚步丈量河段，掌握大量第一手资料，建立“一河一档”“一河一策”。

比如，彭建是四川成都都江堰市永胜社区书记，作为一名兼职的“官方河长”，他将巡河任务都定在了下班后，坚持每周至少巡查1次，年均巡查河流70余次。他说：“巡河是我们必须要做好的一项工作，边巡边清，不仅是对河道的保护，更拉近了我们社区干部与群众的距离。”

63岁老党员陈贻贡当起了“百姓河长”，不仅每天巡河、清理垃圾，还向家人和居民宣传环保理念。

马凯来自瑞士，是罗氏诊断产品（苏州）有限公司总经理，他还有一个特殊的身份——企业河长，负责苏州工业园区的一条名叫凤里浦的河道保护。每周三，河长马凯都会身穿印有“园区河长联盟”字样的蓝色马甲，带领由8名企业员工组成的巡河团队，在凤里浦边巡查。刚走出企业大门，看到路边草丛中有张塑料纸，马凯赶紧弯下腰，用手中的钳子夹起来，往前紧走几步，把塑料纸放进不远处的垃圾箱内。这段凤里浦只有三四百米长，但一路巡查下来，也花了一个多小时。4名队员抬着两只装得满满的垃圾袋返回。

马凯说，巡河工作需要检查河水是否清澈，河道是否有异味或有明显颜色变化，河边是否有新增的排污口，检查河道是否被杂物堵住，是否有其他可能导致河道生态被破坏的异常情况，“我们能够处理的小问题，就当场解决。对于处理不了的问题，现场就马上拍下照片，然后及时上报给园区河长办，请相关部门解决。我们还会定期对这些问题进行追踪，直到问题被最终解决。”

就是在这么一群河湖守护人的努力下，全国清理整治河湖问题20余万个，清理河道内垃圾4000多万吨[①]，人民群众直观感受到了周围的许多河流正在发生巨大变化，对当地的河长、湖长赞不绝口。比如，2019年11月，成都市新都区举行首届“最美河（湖）长”评选活

① 《水利部：18.5万个河湖“四乱”问题得到清理整治》，https：//www.gov.cn/xinwen/2021-11/19/content_5652036.htm

动，10名保护家园水环境的河长、湖长走进颁奖典礼现场，接受新都区人民授予的最高奖励。

在河长制的实践完善中，我们还探索建立了湖长制、草长制、林长制，一条条江河、一块块草地都有了专属守护者，以治水兴水、治林兴林的实际成效助力建设山青、天蓝、水净的美丽中国。

（三）从环境保护部到生态环境部，有啥不一样？

机构是职能的载体，职能配置需要科学的机构设置来履行。改革政府组织机构是管理体制改革和加强制度建设的重要内容。中国已对国家环保机构进行过多次改革，从最早的国务院环境保护领导小组到2008年正式成立的环境保护部，一步步完善自身职能，为解决中国的环境问题殚精竭虑。

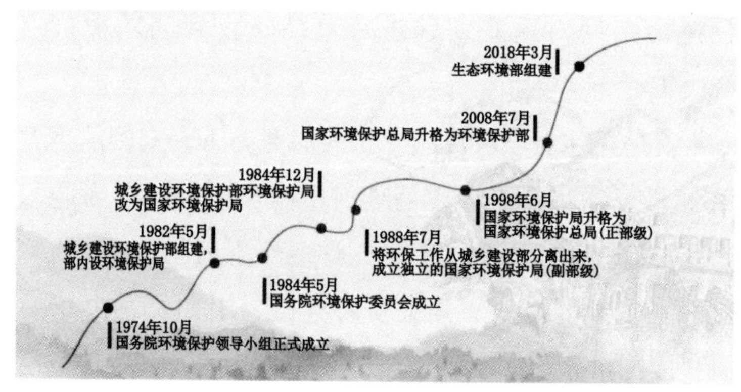

职能的不断完善带来机构的一次次改革

在环境保护部的体制下，中国环保相关职责分布在多个机构。以污水防治为例，地下水归国土部；河流湖泊水归环保部；排污口设置由水利部管；农业面源污染归农业部治理；海里的水则由国家海洋局负责。在实践中，老百姓经常会遇到投诉无门的问题，有个说法叫“一只蛤蟆跳进水里，归农业部门管，蹦到岸上，就归林业部门管。种牡丹归林业部门管，改种芍药就得归农业部门了，因为一个是草本，一个是木本”，虽然是一句戏谑，但却折射出机构管理中的一个重要问题：行政机构的“条块化”职权分割。这经常导致的结果是，部门间相互扯皮推诿，出了事责任不清楚。而且，很多污染往往是交叉重叠和相互贯通的，仅靠单个部门的力量是很难达到整体治理效果的。推进生态文明建设，有必要从体制上把现有的机构理顺。

2018年机构改革方案对以上问题做出了有针对性的改进，环保机构改革的思路也不同于以往，不是提升地位，而是着重调整职责。根据改革方案，将原环保部的职责，国家发改委的应对气候变化和减排职责，国土资源部的监督防止地下水污染职责，水利部的编制水功能区划、排污口设置管理、流域水环境保护职责，农业部的监督指导农业面源污染治理职责，国家海洋局的海洋环境保护职责，国务院南水北调工程建设委员会办公室的南水北调工程项目区环境保护职责都进行了整合，统一组建成生态环境部，作为国务院组成部门。术语很多，部委也很多，可能很多人看了一头雾水。总结成一句话就是：告别多头管理的现状。

统筹之后的生态环境部实现了“五个打通”：第一，打通了地上与地下；第二，打通了岸上与水里；第三，打通了陆地和海洋；第四，打通了城市和农村；第五，打通了一氧化碳和二氧化碳，即大气污染防治和气候变化应对。其职责从之前的环保治理污染转变为制定和实施各类生态环境政策标准；统筹安排生态环境监测和执法工作；组织开展中央环境保护督查等。可以说以后有任何生态环境问题就找生态环境部，这是政府优化职能机构的重要举措，一个问题对应一个部门，专事专做，毫无疑问可以更科学有效、快捷地应对各类环境问题。

（四）终身追责利剑“刺破”扭曲的政绩观

通过改革开放以来国家各项工作制度的建设历程，我们已经清楚认识到，只有建立责任制，并且把责任落实到具体人头，工作目标和任务才能得以较好实现。在生态文明制度建设的进程中，我国逐步完善生态环境保护责任制，取得了一定的成效。然而，通常对造成生态环境损害的行为，主要是追究经济主体或者环保部门工作人员的责任，其实，这种责任制度存在明显的“治标不治本”的缺陷，因为决策导向才是市场主体造成环境损害的根源所在，一旦发生环境污染事件，只是追究环保部门工作人员的责任，很显然是违背“权责对等”原则的不公平现象，难免有“挑软柿子捏”之嫌。虽然地方“一把手”不直接负责环保工作，但是“一把手”的工作重心和关注焦点是地方各级政府部门开展工作的无形导向。事实证明，凡是那些“一把手”关注环境保护的地区，环境损害就小，甚至还能将以前已经破坏的生态环境修复平衡；凡是那些地方“一把手”对环境问题掉以轻心甚至以生态换GDP的地区，也往往是环境损害事件发生最多、最严重的地区，即使是原本自然基础很好的青山绿水也会最终被污染。

习近平深刻指出，“实践证明，生态环境保护能否落到实处，关键在领导干部。一些重大生态环境事件背后，都有领导干部不负责任、不作为的问题，都有一些地方环保意识不强、履职不到位、执行不严格的问题，都有环保有关部门执法监督作用发挥不到位、强制力不够的问题”，因此，“要落实领导干部任期生态文明建设责任制，实行自然资源资产离任审计，认真贯彻依法依规、客观公正、科学认定、权责一致、终身追究的原则。要针对决策、执行、监管中的责任，明确各级领导干部责任追究情形。对造成生态环境损害负有责任的领导干部，不论是否已调离、提拔或者退休，都必须严肃追责。各级党委和政府要切实重视、加强领导，纪检监察机关、组织部门和政府有关监管部门要各尽其责、形成合力。一旦发现需要追责的情形，必须追责到底，决不能让制度规定成为没有牙齿的老虎”。①

习近平还特别强调："要建立责任追究制度，我这里说的主要是对领导干部的责任追究制度。对那些不顾生态环境盲目决策、造成严重后果的人，必须追究其责任，而且应该终身追究。真抓就要这样抓，否则就会流于形式。不能把一个地方环境搞得一塌糊涂，然后拍拍屁股走人，官还照当，不负任何责任。组织部门、综合经济部门、统计部门、监察部门等都要把这个事情落实好。"②

1. 首创党政领导干部环境问责制

根据习近平总书记关于生态环境保护责任制的指导思想，我国生态文明制度建设聚焦于领导干部这个"关键少数"，逐步建立了党政领导干部环境问责制，内容不断完善、规定日益详细、操作更加具体。

——2012年11月，党的十八大报告指出，"要加强

---

① 《习近平关于社会主义生态文明建设论述摘编》，北京：中央文献出版社2017年版，第110、111页。

② 《习近平关于社会主义生态文明建设论述摘编》，北京：中央文献出版社2017年版，第100页。

生态文明制度建设，把环境损害纳入经济社会发展评价体系，建立体现生态文明要求的目标体系、考核办法、奖惩机制”。

——2013年11月，党的十八届三中全会《中共中央关于全面深化改革若干重大问题的决定》提出，“建立生态环境损害责任终身追究制，实行最严格的责任追究制度”。

——2014年10月，党的十八届四中全会《中共中央关于全面推进依法治国若干重大问题的决定》强调，“要按照全面推进依法治国的要求，用严格的法律制度保护生态环境，建立重大决策终身责任追究制度及责任倒查机制”。

——2015年5月，党中央、国务院印发《关于加快推进生态文明建设的意见》，该文件第26条明确要求完善责任追究制度。包括：“建立领导干部任期生态文明建设责任制，完善节能减排目标责任考核及问责制度；严格责任追究，对违背科学发展要求、造成资源环境生态严重破坏的要记录在案，实行终身追责，不得转任重要职务或提拔使用，已经调离的也要问责；对推动生态文明建设工作不力的，要及时诫勉谈话；对不顾资源和生态环境盲目决策、造成严重后果的，要严肃追究有关人员的领导责任；对履职不力、监管不严、失职渎职的，要依纪依法追究有关人员的监管责任。”这一文件对环境问责的内涵以及问责的行为、主体、后果做了初步说明，形成了环境问责制的基本框架。

——2015年8月，中共中央办公厅、国务院办公厅发文《党政领导干部生态环境损害责任追究办法（试行）》，这是十八大以来我国首次针对干部环境问责的专门文件，清晰扼要地分类明确规定了25种党政领导干部生态损害追责情形、对不同级别领导干部的责任追究、干部生态环境损害责任追究的主要形式，将履行环境保护职责作为干部考核评价和提拔使用的重要标准。

此后，国家相继出台《关于开展领导干部自然资源资产离任审计的试点方案》（2015年11月）、《关于全面推行河长制的意见》（2016年12月）、《生态文明建设目标评价考核办法》（2016年12月）等文件，为各地各部门在实际操作层面制定具体的干部环境职责体系以及失职渎职责任追究措施提供了明确依据。

总之，党的十八大以来，我国一针见血地抓住“一把手”这个关键“牛鼻子”，体现了党中央严明生态环境保护责任制度的坚定决心。这些制度具有两个突出特点。

第一，党政同责。“各级党委和政府对本地区本部门生态环境和资源保护负总责”[1]，党委和政府主要领导“职责同有”，违反职责时的“责任共担”，这将使党委和政府部门在环境保护方面达成高度一致，齐心协力开展生态文明建设。比如，2015年，腾格里沙漠腹地建起的工业园区，将污水排进沙漠深处，一些足球场大小的排污池，有的注满墨汁样的液体，有的是暗色泥浆，上空还飘着白色烟雾。针对群众和媒体反映的情况，习近平总书记做出重要批示，国务院迅速成立环保、纪检、司法等专业人员组成的专项督察组，24名与此污染事件相关的不同级别的党务和行政责任人先后被依法问责，无一人幸免。

第二，终身追责。相关制度规定，“对违背科学发展要求、造成生态环境和资源严重破坏的，责任人不论是否已调离、提拔或者退休，都必须严格追责”[2]，决不允许出现在生态环境问题上拍脑袋决策、拍屁股走人的现象。环境问题不是立时立刻显现，而是需要很长一段时间，有的可能要在十年甚至数十年后才能逐渐积累爆发。加之有些环境问题的产生是多个机构或者多个决

① 《中共中央国务院关于全面加强生态环境保护 坚决打好污染防治攻坚战的意见》，北京：人民出版社2018年版，第7页。

② 《党政领导干部生态环境损害责任追究办法（试行）》，党建读物出版社2015年版，第7页。

策者的共同行为，区分和追索责任很难，因此在生态环境领域最容易产生“期权腐败”[①]。终身追责意味着官员任职有任期，但环境保护责任追究是没有期限的。比如，2015年7月，已经退休两年的环境保护部原副部长张力军涉嫌任内期间在环评审批中严重违纪违法，被组织调查。

生态环境保护领导干部责任制是环境保护责任制度的一个突破性制度创新，实质上是倒逼领导干部树立正确的政绩观，倒逼政府完善科学决策体系，促进党政领导干部从自己的职业生涯的长远全局考虑，如同珍视自己的身体和生命般地珍惜使用自己手中的公权力，以对人民群众利益负责、对生态安全负责的态度，慎重决策、依法决策、科学决策、终身履责，使得长期以来学界和社会呼吁的“打破GDP英雄论”切实落到了实处。

（五）中央环保督察动真碰硬

为配合落实国家环境保护决策部署和环境保护主体责任，党中央设立专职督察机构，对各省、自治区、直辖市党委和政府、国务院有关部门以及有关中央企业等

① 注：期权腐败是指长线的权钱交易行为，官员在一些建设周期长、影响后果滞后的项目中捞得好处，在离职时因腐败行为潜伏期长、隐蔽性强，审计暂时合格可以蒙混过关，或者在腐败项目行将暴露之时以主动甩掉“乌纱帽”的方式来逃避牢狱之灾。

组织开展生态环境保护督察，先后出台《环境保护部约谈暂行办法》（2014年）、《环境保护部综合督查工作暂行办法》（2014年）、《环境保护督察方案（试行）》（2015）、《中央生态环境保护督察工作规定》（2019年）等制度文件，构建起三个阶段、七个环节、多种方式的全链条督察模式（见下图）。

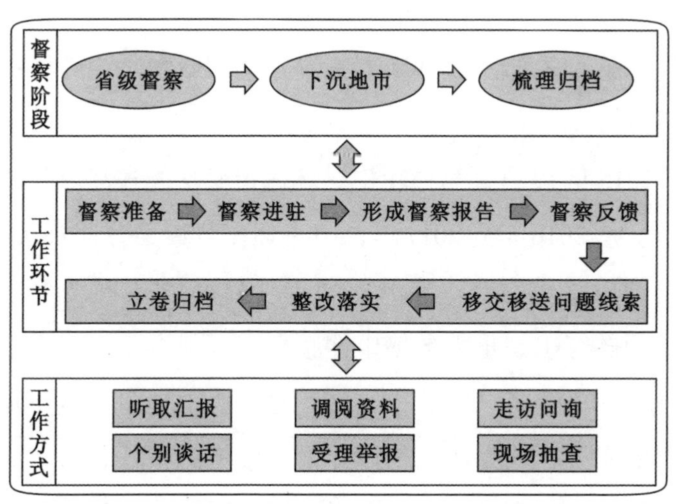

中央环保督察由国务院成立工作领导小组，组长主要由全国人大、全国政协各专门委员会主任或副主任担任，副组长由环保部现职副部级领导担任，成员主要为来自中纪委、中组部、环保部等多个部门的领导和干部。由省部级领导带队督察，不仅体现出中央对环保督察重视度非常高，而且可以对地方党政领导形成心理

威慑。

环保督察工作分为三个阶段：首先，通过省级层面的督察（主要与省级领导访谈、调取资料、开会研究）全面了解情况；其次，下沉地市督察，对准备阶段和省级督察时发现的问题线索进行调查取证，同时通过受理举报、走访问询和现场抽查等多种方式搜集问题；最后，梳理分析归档，将前两个阶段发现的问题和分析结果反馈给相关部门，供制定整改方案和后续是否开展补充督察参考。

2015年12月，第一轮中央环保督察率先在河北开展试点。从2016年到2017年，中央环保督察又分四批次，对全国31个省（区、市）实现了“全覆盖”，优先督察环境问题突出、重大环境事件频发和环保责任落实不力的地区，每个省（区、市）督察时间为一个月。这一轮督察的主要作用是压实地方党委、政府的责任，并解决了8万余个环境问题。根据环保部数据统计，截至2017年8月24日，中央环保督察河北试点和全部四批累计立案处罚18223家，罚款7.28亿元，拘留1199人，问责12724人[①]。经过第一轮中央环保督察的洗礼，地方政府在思想上对环保工作引起了足够重视，把环保工作放在

① 《中央环保督察的前世今生——环保政策系列专题之二》，https：//www.sohu.com/a/169016156_820796。

了更加重要的位置。某市委书记说，他每天早上起床以后的第一件事，就是拿出手机查看App上的空气质量指数。如果当天的空气质量指数较好，他就很开心。如果这一天的空气质量糟糕了，他的心情也会非常糟糕。从这个小例子就能看出在地方党委、政府的心目中，环保工作已经成为“头等大事”。

从2018年开始，第一轮中央环保督察又推出了“回头看”，分两批次对19个省区进行了督察。督察组发现一些地方在第一轮中央环保督察后属于“敷衍整改”和“假装整改”，对此进行了通报批评。通过这次“回头看”，中央明确告诉污染企业，环保督察不是“一阵风”，而是“连续剧”，一定会紧盯问题不放，打消了某些污染企业的幻想。

中央环保督察组针对督察中发现的突出问题，及时回应社会关切，不断地完善制度。例如，在第一轮督察中，发现曾经多次发生地方为了应付检查，采取集中停工停产停业等“一刀切”方式的行为。这是典型的打着污染治理旗号却影响民生的“一刀切”行为。于是，2019年6月公布的《中央生态环境保护督察工作规定》中明确规定，被督察对象及其工作人员采取集中停工停产停业等“一刀切”方式应对督察的，视情节轻重，对其党政领导班子主要负责人或者其他有关责任人，依纪依法给予批评教育、组织处理或者党纪处分、政务处分；涉嫌犯罪的，按照有关规定移送监察机关或者司法机关依法处理。

2019年7月，第二轮第一批中央生态环保督察启动。相比第一轮，发生了三大变化。首先，督察对象变了。第一轮主要是各省区市的党委和政府，第二轮则增加了国务院有关部门和承担生态环保任务较重的中央企业。其次，督察方法也变了。第二轮督察更多地运用遥感卫星、无人机、天眼监控、无人船等新技术、新设备。最后，第二轮中央生态环保督察还针对重点区域、重点领域、重点行业的突出生态环境问题，组织开展专项督察。专项督察有三个重点，分别是污染防治攻坚战7大标志性战役及其他重点领域；督察整改不力，特别是敷衍整改、表面整改、假装整改等突出问题；人民群众反映突出的生态环境问题。

环保督察制度既向各省党政“一把手”传递了中央严明生态环境保护的决心，又借助实地督察，掌握了全国污染防治现状，为制定精准防治方案奠定了基础。

（六）生态红线就是“高压线”

伴随我国城镇化、工业化进程的加速，建设用地规模迅速扩张，导致建设用地与耕地保护、经济发展与自然生态保护等人地矛盾日益尖锐。为加强生态保护，

2011年发布的《国务院关于加强环境保护重点工作的意见》，要求国家编制环境功能区划，在重要生态功能区、陆地和海洋生态环境敏感区、脆弱区等区域划定生态红线。2013年，习近平总书记表示，决不以牺牲环境为代价去换取一时的经济增长，要划定并严守生态红线，并牢固树立生态红线的观念。2014年，“生态保护红线”首次进入《中华人民共和国环境保护法》。2017年2月，中共中央办公厅、国务院办公厅印发了《关于划定并严守生态保护红线的若干意见》，就划定并严守生态保护红线工作做出具体部署，自此，我国生态保护红线划定与制度建设工作驶入快车道。

我国生态保护红线的总体目标是：2017年底前，京津冀区域、长江经济带沿线各省（直辖市）划定生态保护红线；2018年底前，其他省（自治区、直辖市）划定生态保护红线；2020年底前，全面完成全国生态保护红线划定，勘界定标，基本建立生态保护红线制度；到2030年，生态保护红线布局进一步优化，生态保护红线制度有效实施，国家生态安全得到全面保障。

“红线”一词起源于城市规划，指规划部门批给建设单位的占地面积，一般用红笔圈在图纸上，具有法律效力。后来红线广泛用于建筑红线、道路红线、耕地红线等。红线亦即底线，通常具有约束性含义，表示各种用地的边界线、控制线或具有低限含义的数字。随着“红线”概念的不断深化，“红线”一词也逐渐被应用到环境领域。生态红线又称生态功能红线或生态保护红线，是指生态功能极重要、生态极脆弱以及具有潜在重要生态价值，必须强制性严格保护的区域，是保障和维护国家生态安全的底线和生命线。生态红线是继18亿亩耕地红线后，另一条被提到国家层面的生命线。

我国三条生态红线分别是生态功能保障基线、环境质量安全底线、自然资源利用上线。需要注意的是，我国国土空间规划中也统筹划定了三条控制线，分别是生态保护红线、永久基本农田、城镇开发边界。三条控制线实际上是有一定优先级的，在三条控制线出现矛盾时，首先要强化底线约束，体现保护优先，确保生态保护红线功能不降低、面积不减少、性质不改变；然后是确保永久基本农田数量不减少、质量不降低；最后才能划定城镇开发边界，确保城镇开发边界避让重要生态功能，不占或少占永久基本农田。

生态保护红线一旦划定，应满足以下管控要求：（1）性质不转换：生态保护红线区内的自然生态用地不可转换为非生态用地，生态保护的主体对象保持相对稳定。（2）功能不降低：生态保护红线区内的自然生态系统功能能够持续稳定发挥，退化生态系统功能得到不断改善。（3）面积不减少：生态保护红线区边界保持相对固定，区域面积规模不可随意减少。（4）责任不改变：生态保护红线区的林地、草地、湿地、荒漠等自然生态系统按照现行行政管理体制实行分类管理，各级地方政府和相关主管部门对红线区共同履行监管职责。

各省市在划定生态保护红线时均紧密结合自己的实际情况。例如，湖北将生态保护红线区分为水源涵养区、生物多样性维护区、土壤保持区、长江中游湖泊湿地洪水调蓄区四类。在管理措施上，多个省份对生态保护红线实行区别化管理。例如，江苏规定，一级管控区实行最严格的管控措施，严禁一切形式的开发建设活动；二级管控区以生态保护为重点，实行差别化的管控措施，严禁有损生态功能的开发建设活动。

目前，全国生态保护红线已完成划定并发布。其中，陆域生态保护红线不低于300万平方公里，占陆域国土面积的30%以上，海洋生态保护红线不低于15万平方公里。我国的生态保护红线涵盖了四大类重点生态功能区、九大分区51处自然保护区群、三大类23片生态脆弱区，将最具保护价值的“绿水青山”和“优质生态产品”以及国家重要生态安全屏障保护起来，涵盖了约占国土面积18%的各类自然保护地、90%的重要生态系统类型和85%的重点野生动物种群，95%的珍稀濒危物种及其栖息地得到了保护。按照国际通用的生态系统服务价值计算方法，生态保护红线每年可产生的生态系统服务价值量为27.95万亿元，其单位国土面积价值量是全国平均水平的14倍，为维护国家生态安全、促进经济社会可持续发展提供了有力保障。

生态环境部一边与自然资源部共同推进红线划定和评估调整，一边在生态保护修复上强化统一监管。监管平台依托卫星遥感手段和地面生态系统监测站点，形成“天空地”一体化监控网络，实时监控人类干扰活动，形成了生态红线破坏问题“监控发现—移交查处—督促整改—移送上报”的工作机制和工作流程，压实了地方政府严守生态保护红线的主体责任，为开展生态红线保护常态化监管提供了经验借鉴。

我国生态保护红线的成果得到了国际社会的认可，“划定生态保护红线，减缓和适应气候变化”行动倡议入选联合国“基于自然的解决方案”全球15个精品案例，“生态保护红线—中国生物多样性保护的制度创新”案例，入选联合国“生物多样性100+全球典型案例”中的特别推荐案例。

三、把生态制度优势转化为生态治理效能

党的十八大以来特别是“十三五”时期，在习近平总书记关于生态文明制度建设的思想指导下，我国生态环境保护领域制度建设取得了前所未有的成就。“十三五”时期，我国先后完成了环境保护税法、水污染防治法、核安全法、土壤污染防治法、固体废物污染防治法、生物安全法、环境影响评价法等生态环境领域的法律制定工作，“十四五”时期完成了环境噪声污染防治法、海洋环境保护法、长江保护法的修订。“十三五”期间，我们完成制修订并发布国家生态环境标准551项，包括4项环境质量标准、37项污染物排放标准、8项环境基础标准、305项环境监测标准、197项环境管理技术规范。其中配套“大气十条”的实施，发布了122项涉气标准；配套“水十条”的实施，发布了107项涉水标准；配套“土十条”的实施，发布了49项涉土标准和40项固体废物标准。另外，生态环境损害赔偿制度改革取得阶段性成果，生态环境损害责任写入了《中华人民共和国民法典》，生态环境损害赔偿制度初见成效。截至2020年9月，全国共办理生态环境损害赔偿案件

1674件[①]。

在生态文明制度的保驾护航下，生态环境保护各项工作都取得重要进展，地方党委和政府落实新发展理念的主动性明显增强，忽视生态环境保护的情况明显减少，发展与保护一手硬、一手软的情况明显改变，人民群众生态环境获得感、幸福感和安全感显著增强，厚植了全面建成小康社会的绿色底色和质量成色，为“十四五”时期生态文明建设实现新进步，2035年生态环境根本好转、美丽中国建设目标基本实现奠定了坚实基础。

（一）公众的生态环境获得感、幸福感、安全感不断提升

截至2020年底，“十三五”规划纲要确定的生态环境保护领域的9项约束性指标全面完成[②]，高质量完成污染防治攻坚战目标任务，“十三五”时期是迄今为止我国生态环境质量改善成效最大、生态环境保护事业发展最好的五年，为人民群众创造了更加美好的生活环境。

头顶的蓝天更多了。中华人民共和国生态环境部公布的2019年《中国生态环境状况公报》显示，在大气质

① 《奋力书写建设美丽中国的绿色答卷》，《人民日报》2021年5月14日。

② 注：9项约束性指标分别是细颗粒物（PM2.5）未达标地级及以上城市浓度下降比例，地表水质量达到或好于Ⅲ类水体比例，劣Ⅴ类水体比例，单位GDP二氧化碳排放降低比例，化学需氧量、氨氮、二氧化硫、氮氧化物主要污染物的削减量，全国地级及以上城市空气质量优良天数比例。

量方面，2019 年，全国 337 个地级及以上城市年均优良天数比例为 82%，其中，16 个城市优良天数比例为 100%、199 个城市优良天数比例在 80%~100% 之间、未出现以 SO_2、NO_2 和 CO 为首要污染物的重度及以上污染。

身边的河湖更清了。与 2015 年相比，2019 年全国地表水优良水质断面比例上升 8.9 个百分点，劣 V 类断面比例下降 6.3 个百分点。渤海 50 条国控入海河流中，46 条水质达标，劣 V 类国控断面由 10 个降至 2 个。我国城镇集中式地下水饮用水源水质总体保持稳定，水质达标率稳定保持在 90% 以上，监测的 336 个地级及以上城市的 902 个在用集中式生活饮用水水源断面（点位）中，830 个全年均达标占 92.0%。地级及以上城市（不含州、盟）黑臭水体消除比例达到 98.2%，长江流域、渤海入海河流劣 V 类国控断面全部消劣，长江干流历史性地实现全 Ⅱ 类水体。

周围的大地更绿了。在全球森林资源持续减少的背景下，我国森林面积和蓄积量持续“双增长”。荒漠化和沙化土地面积，连续 3 个监测期均保持缩减态势。统计数据显示，目前我国森林覆盖率已达到 22.96%。联合国粮农组织 2021 年 7 月 21 日发布的 2020 年《全球森林资源评估》，充分肯定了中国在森林保护和植树造林方面对全球的贡献。这份报告指出，近十年中国森林面积年均净增加量居全球第一，且远超其他国家。

食品安全更放心了。2019年底，我国受污染耕地安全利用率达到90%，污染地块安全利用率达到93%以上，土壤环境和食品安全风险得到基本管控。

公众高度认可污染防治攻坚战所取得的成效。《公民生态环境行为调查报告（2020年）》的调研显示，多数受访者（68.5%）认为过去三年所在城市总体生态环境质量有所改善，认为空气环境质量有所改善的人数占比最高（70.1%）；超七成公众对所在城市总体生态环境质量和空气质量的满意度较三年前有所增加。其中，京津冀地区受访者对所在城市空气质量改善感受最为明显，认为过去三年其所在城市空气质量有所改善的人数占比最高，均超过80%；长江经济带受访者对所在城市过去三年水环境质量改善感受较为明显，认为过去三年所在城市水环境质量有所改善的人数占比为58.0%，高于全国平均水平的54.8%。

同时，公众绿色生活方式大幅提升。在呵护自然生态（91.5%的受访者基本不食用珍稀野生动植物）、选择低碳出行（68.5%的受访者经常做到）和节约资源能源（60.9%的受访者经常做到夏季空调温度设定不低于26℃）方面践行程度较高，能够做到“知行合一”。特别是在践行绿色消费和分类投放垃圾方面，与2019年调查结果相比，经常改造利用或交流捐赠闲置物品的受访者人数占比增加了一倍，垃圾分类践行较好的人数占比增加了两成以上，上海市受访者在垃圾分类方面表现最好，经常分类投放垃圾的人数占比高达91.7%，说明当地垃圾分类政策取得了较好的效果。公众参加环保志愿活动较为积极，超五成（55.1%）受访者过去一年参加过环保志愿活动。公众参与监督举报的积极性较高，55.6%的受访者过去一年采取过环保监督举报行动。

（二）产业结构绿色转型升级取得实质成效

党的十八大以来，我国生态环境保护发生了历史性、转折性、全局性变化，各地不以GDP论英雄，加快调整产业结构、能源结构、运输结构，倒逼企业转型升级，淘汰落后产能，绿色发展方式带来各项指标越来越“绿色”。

1．产业结构绿色转型升级取得实质成效

“十三五”时期，我国化解钢铁产能约2亿吨，1.4亿吨地条钢全部清零，截至2019年底燃煤电厂累计完成超低排放改造8.9亿千瓦。对京津冀及周边地区、汾渭平原重点地区的39个城市列入2018年、2019年“散乱污”企业清单台账的7万余家企业清理整顿开展专项排查，通过大力整顿“散乱污”企业，有效解决了市场竞争中劣币驱逐良币的现象，为环境守法企业创造了更加公平的竞争环境。[①]

重点领域节能工作进展顺利。中国规模以上企业单位工业增加值能耗2019年比2015年累计下降超过15%，相当于节约了4.8亿吨标准煤的能源成本，大约节约了4000亿元。中国绿色建筑占城镇新建民用建筑比例达到60%，通过城镇既有居民居住建筑的节能改造，提升建筑运行效率，有效地改善了人居环境，惠及2100多万户居民。[②]

2. 能源结构进一步清洁化低碳化

"十三五"时期，我国集中力量推进京津冀及周边地区、汾渭平原等区域散煤治理，累计完成散煤治理2500万余户。北京以南约20万平方公里基本完成散煤替代。指导督促县级及以上城市建成区淘汰每小时10蒸吨及以下燃煤设施，京津冀及周边地区、汾渭平原、长三角地区基本淘汰每小时35蒸吨以下的燃煤锅炉，每小时65蒸吨及以上燃煤锅炉开展节能和超低排放改造。[③]

2019年，我国国内煤炭消费占能源消费总量的比重

---

① 曹红艳：《"十三五"期间我国生态环境质量总体改善》，《经济日报》2020年10月22日第05版。

② 《国新办举行"十三五"生态环境保护工作新闻发布会》，http：//www.mee.gov.cn/xxgk2018/xxgk/xxgk15/202010/t20201021_804298.html

③ 曹红艳：《"十三五"期间我国生态环境质量总体改善》，《经济日报》2020年10月22日第05版。

下降到57.7%，超额完成了“十三五”期间国家能源规划目标任务；非化石能源增量占到一次能源消费增量的40%，较“十二五”期间上升14个百分点，为保障国家能源安全和加快推动能源革命做出了重要贡献。[①]

“十三五”以来，我国可再生能源快速发展。可再生能源装机年均增长大约12%，新增装机年度占比超过50%，总装机占比稳步提升，成为能源转型的重要组成和未来电力增量的主体，其中风电和太阳能发电等新能源发展迅速，成为可再生能源发展主体。我国建成世界上最大规模的超低排放清洁煤电供应系统，光伏、风能装机容量、发电量均居世界首位。截至2019年底，我国新能源装机在可再生能源总装机当中占比达到55.2%，常规水电和抽水蓄能稳步发展，水电总装机在可再生能源总装机中占44.8%，全国清洁能源占能源消费的比重达到23.4%。[②]

3. 交通运输体系进一步绿色化

我国加大铁路和港口的连接线、工矿企业铁路专用线建设，不断提升铁路货运比例，2020年，全国铁路货

① 顾阳:《“两型社会”建设取得突破性进展》,《经济日报》2020年11月6日第04版。

② 《国新办举行“十三五”生态环境保护工作新闻发布会》，http：//www.mee.gov.cn/xxgk2018/xxgk/xxgk15/202010/t20201021_804298.html

运量同比增长7.2%。全国范围全面供应“国六”汽柴油，实现车用柴油、普通柴油和部分船舶用油的“三油并轨”，普通柴油实现“国四”“国五”“国六”的“三级跳”。全国范围实施轻型汽车“国六”排放标准，积极推广清洁能源汽车。国内新能源汽车快速增长，全国公交车电动化比例从2015年的20%提高至2020年的60%。[①]

（三）展示绿色低碳发展的国际形象

一段时间以来，我国生态环境严重恶化，一些国际组织媒体与官员将生态环境掺入政治博弈和经济利益之中，对中国生态环境及其制度进行恶意指责和诋毁，抛出“中国生态环境威胁论”等论调，给中国发展构成明显不利的外部影响。党的十八大以来，我国生态环境治理的明显成效以雄辩的事实向世界证明，中国坚持走和平发展道路，不仅不会造成威胁人类生存的环境危机，而且还在发展的过程中不断保护和修复自然资源，为推动人类永续发展做出贡献。

① 曹红艳：《“十三五”期间我国生态环境质量总体改善》，《经济日报》2020年10月22日第5版。

案例：

国际社会积极评价中国“十三五”时期生态文明建设成就

“中国城市蓝天越来越多，空气越来越好。”比利时赛百思中欧商务咨询公司首席执行官弗雷德里克·巴尔丹曾多次访华，对中国生态环境改善有直观感受。他表示，中国对节能减排和清洁能源发展给予政策支持，山水林田湖草沙的综合治理科学务实，生态文明建设成就令世界瞩目。

南非金山大学国际关系学院教授加斯·谢尔顿考察过中国新疆的防护林工程。曾经的荒漠变成绿洲，给他留下深刻印象。“习近平主席提出‘绿水青山就是金山银山’的‘两山’理念，指明了经济发展和环境保护协调发展新路径。”

蒙古国科学院国际关系研究所中国室主任旭日夫曾就“中国生态文明建设”课题随团走访内蒙古、河北、浙江等地。“我亲身感受到‘两山’理念在中国深入人心，中国特色生态文明建设的成效显著。”

摩洛哥非洲中国合作与发展协会主席纳赛尔·布希巴曾在2015年参与中国青年创业者项目，了解到中国企业需要严格遵守的环保法规。他表示，中国坚持人与自然和谐共生，鼓励环保技术创新，积极培养环保专业人才，生态文明建设富有创造性和实践性。

“中国发展绿色经济意义非凡，这是共谋全球生态文明建设的一个重要途径。”美国中美后现代发展研究院院长菲利普·克莱顿注意到，中国减排对全球经济发展和生态环境治理产生了积极效应。中国在可再生能源领域进行了大量投资，有助于改变全球能源行业发展格局。

世界资源研究所执行副主席马尼希·巴布纳表示：“中国政府应对气候变化的政策措施，体现出积极的态度和坚定的决心，中国将成为世界绿色低碳经济发展领跑者。”他同时表示，中国正大力支持绿色投资，借助自身经验，为其他发展中国家避免走先污染后治理的老路提供了重要启示。

泰国泰中“一带一路”合作研究中心副主任唐隆功·吴森提兰谷关注到，近年来中国新能源产业发展引领全球，为世界应对环境挑战贡献了重要力量，“未来，中国加大新能源产业投入，将有力推动世界经济的‘绿色复苏’。中国坚定不移走绿色发展之路，同时推动全球可持续发展，充分展现了负责任大国担当，为其他国家树立了榜样。”

尼泊尔中国研究中心执行主席巴特拉伊表示，中国生态建设成就获得广泛赞誉，这不仅是对中国发展理念的肯定，也寄托着世界人民对全球未来绿色发展的共同愿景。“中国在建设生态文明的过程中，广泛参与环保领域国际合作，为各国共建人类美好家园提供了有益借鉴。”

在中欧数字协会创始人、主任克劳迪娅·韦尔诺蒂看来，中国采取有力举措建设生态文明，对全球环境治理至关重要，打造绿色合作伙伴已成为欧中务实合作的优先议题之一。

新加坡国际事务研究所高级研究员胡逸山说："中国企业在走出去的过程中，将绿色发展理念带到东南亚，这将有益于东南亚国家实现可持续发展。"

——资料来源：《建设人与自然和谐共生的现代化——国际社会积极评价中国"十三五"时期生态文明建设成就》，《人民日报》2020年10月18日

第五章

携手共建生态良好的地球美好家园

人类拥有同一个地球，同一个大气圈，同一片蓝天。环境问题具有显著的“蝴蝶效应”，某一处自然条件的变化通过生态系统和地理联系会直接或间接地影响另一处甚至全球的环境状况，任何国家都不可能独善其身。马克思《资本论》中阐述的“现代殖民理论”，指出了资本主义国家掠夺殖民地自然资源的情况。如今，在经济全球化与市场一体化时代，资本急速扩张进一步导致全球性生态危机。全球环境的严峻形势对加强国际合作提出了更加迫切的要求，可持续发展已经成为国际社会的共识。党的十八大以来，习近平总书记秉持人类命运共同体、建设绿色家园的人类共同梦想，倡导各国超越文化和意识形态方面的差异，采取协调合作的行动，同时，主动承担大国责任，打造绿色环保“朋友圈”，为全球生态环境保护和治理做出贡献。习近平的生态环境国际合作思想在全球大国治国理政实践中独树一帜，深化和丰富了马克思的共同体思想，为促进公正合理的全球环境治理秩序以及为发展中国家避免传统发展路径依赖和锁定效应提供了可资借鉴的中国智慧和中国方案。

一、资本扩张与全球生态危机

既然自然力表现为资本的生产力，那么资本逐利的本性就决定了它必须不断寻找到其最大的利润结合体，需要愈来愈多地获得自然资源和环境空间这种财富的天然源泉。然而本国的资源和空间是有限的，因此在利润的驱使下，资本家要不断地超出国界向外扩张，在全世界范围内搜索资源能源，以源源不断地为资本生产交换价值输送新鲜血液，使资本获得最大限度的增值。

在《资本论》第一卷的最后一章，马克思阐述了“现代殖民理论”。在殖民地，当地人们普遍以自己的私有土地和劳动为基础开展小农经济。由于“剥夺人民群众的土地是资本主义生产方式的基础”[①]，因此拓展移居到此的资本家复制资本主义早期在欧洲的圈地运动，要么暴力掠夺当地群众的土地，要么强行规定土地价格，使土地价格高到“使工人在雇佣劳动市场上被另一个人取代以前不可能变成独立的农民”[②]，也就是说，制造更多失地农民，以保证资本家剥削劳动的大量剩余人口。资本主义国家通过殖民统治的方式，公开掠夺殖民地丰富而廉价的煤、矿物、森林等自然资源和原材料，同时还把咖啡、茶叶、棉花、橡胶等有经济价值的植物种子进行品种改良，利用殖民地廉价的劳动力和土地资源大片种植，为资本主义经济迅速发展提供了重要的生产原料。资本主义国家早期的种植园制度用商业化的农业单一性代替了自然的多样性，导致了全球生物基因的流失和生物多样性的丧失。

第二次世界大战以后，旧的欧洲式的扩大民族国家范围的帝国主义或殖民主义已经结束了，但是资本主义国家想尽一切办法，不断变换运用军事、经济、文化、科技等隐蔽方式和组合手段构思再殖民和再垄断逻辑，

---

① 《马克思恩格斯文集》第5卷，北京：人民出版社2009年版，第880页。

② 《马克思恩格斯文集》第5卷，北京：人民出版社2009年版，第885页。

维护自己的特权和霸权。自20世纪80年代末开始，以海湾战争为标志，帝国主义进入了一个新时代，由以前的领土、原材料、国际市场等有形疆域的赤裸裸扩张，转变为在国际主义的“文明”名义下对世界秩序的“合法”“合理”主宰和控制。半个世纪以来，面临国内日趋强化的资源环境约束和生态社会运动，资本主义国家企图通过垄断全球自然资源和污染排放空间，实现本国生态现代化。

（一）掠夺自然资源的新手段

19世纪中期，为了抢夺秘鲁的海鸟粪和硝石资源，英国利用其现代化的海军，将智利作为工具，挑起了太平洋战争（有时也称“硝石战争”）。在战争之前，英国人控制秘鲁13%的硝石产业，战争之后，英国人的份额立即上升到34%，而到了1890年，份额则上升为70%[①]。进入21世纪，资本主义国家对原料和资源的占有需求并没有因为经济社会的发展而减少，反而，“资本主义愈发达，原料愈感缺乏，竞争和追逐全世界原料产地的斗争愈尖锐”[②]。目前，资本主义国家的跨国矿业公司将已探明矿产资源的瓜分基本完成。美国、加拿

① ［美］约·贝·福斯特：《生态革命》，刘仁胜等译，北京：人民出版社2015年版，第217页。

② 《列宁专题文集》，北京：人民出版社2009年版，第170页。

大、澳大利亚、英国等大型跨国矿业公司控制着全球60%~70%的固体矿产。其中，加拿大的矿业跨国经营，在世界100多个国家进行，拥有8000多处矿地产[①]。再比如森林资源，美国、欧洲和日本分别主要在中南美、非洲、东南亚廉价收购木材资源，近年来日本又将手伸进了拉丁美洲，它在热带森林原木的世界贸易总进口量中占一半以上。

能源尤其是石油这一广泛使用而性能卓越的现代能源，一直是资本主义国家觊觎的重要目标。1998年，美国石油消费的进口比例首次超过50%，意味着美国对外石油依存度迅速上升，这也加大了美国对石油供给的担心和紧迫感。为了防止未来20年内石油产量和需求量之间出现较大鸿沟，美国政府就关于石油开采问题的本质及缓解手段展开广泛讨论之后，并没有考虑削减消费量而解决问题，而是提出了诸如“美国新世纪计划”“战略能源计划”等关于美帝国扩张的议题，强调波斯湾必须在2000—2020年间将其能源产量提高约80%，尤其要寻找方法，从当时处于美国经济制裁之下的伊拉克和伊朗增加石油进口。当时伊拉克对提高石油产量的态度摇摆不定，萨达姆可能延长伊拉克石油撤离国际市场的期

① 谷树忠，成升魁：《中国资源报告：新时期中国资源安全透视》，北京：商务印书馆2010年版，第167页。

限，急于获得石油的美国以保护人权自由、推翻独裁统治、维护全球正义秩序为由，发动了海湾战争。美联储前主席格林斯潘在《动荡年代》中写道："我很难过，政治上不便承认这个人人皆知的事实：伊拉克战争主要是为了石油。"[①]美国学者福斯特指出，美国发动海湾战争"表面上打着保护人权自由的旗号，而实际上，主要目的是为了控制这一全球战略要地和争夺石油资源，维护资本主义世界经济安全"[②]。迈克尔·佩罗曼更是一针见血地指出："一个富有的自然资源基地使一个贫穷的国家，特别是相对而言不够强大的国家，成为在政治上和军事上都占有统治地位的国家的心动目标。在石油案例当中，诸多大国不会冒险让这些珍贵的资源落入独立政府——特别是那种执行的诸多政策可能不符合大型跨国集团的经济利益的政府的控制之中。所以表现出过多独立性的政府不久之后就发现自己被推翻了，即使它们的继任者可能发展出某种腐败和政治不稳定的环境。"[③]

① ［美］约·贝·福斯特：《生态革命》，刘仁胜等译，北京：人民出版社2015年版，第76页。

② J.B.Foster，*The Vulnerable Planet*，Monthly Reviewer Press 1994，P91，P95，P105.

③ Michael Perelman，"Myths of the Market:Economics and the Environment"，*Organization& Environment*，NO.2(2003)，P199–P202.

资本主义几百年的发展史本质上就是一部资源掠夺史，现在只有在发展中国家的偏远地区还保存着相对丰富的生态资源，被称为“基因库”。近年来，科学研究发现，这些基因库不仅具有生态价值，而且具有巨大的潜在经济价值，于是，第三世界丰富的生物基因又成为发达国家的掠夺对象。20世纪70年代至90年代，发达国家通过入股、有偿援助等方式，以微小的付出换取了发展中国家珍贵的生物基因资源，比如美国每年向墨西哥提供仅仅600万美元的研究经费，就垄断了墨西哥小麦的所有基因资源使用权。①

（二）“让他们吃下污染”

20世纪中后期，面临国内日趋恶化的生态环境和日益高涨的环境运动，西方国家采取了诸多市场手段以缓解环境污染，如征收高额的排污费、提高工厂生产的环保门槛等。这也意味着在短期内资本家不得不购买和采用先进设备，增加固定资产投资和生产成本。为了保证能够继续赚取利润，资本家试图提高产品价格，向消费者转嫁生态治理的成本，可是价格的提升会导致市场销量的减少，进而影响利润率，于是资本家又找到新的突破口，采取另一种方式使环境成本外在化，这就是逃避

① J.B.Foster，*The Vulnerable Planet*，Monthly Reviewer Press 1994，P95.

本国高额的排污费和污染治理费，把生产过程中的污染物质和消费后的固体垃圾输出至第三世界国家。资本主义的污染输出主要有以下途径。

一是借产业投资之名，将高能耗、高污染、劳动密集型的夕阳产业或加工制造环节迁移至发展中国家，用发展中国家的土地、水、能源等自然资源制造销往全球的消费品，却将生产过程中的污染或不可降解物质留在生产地。比如，在IT行业，西方国家将污染环境的蓄电池、电路板等零配件生产环节和工厂设置在海外，对核心技术的研发却守口如瓶。奥康纳在《自然的理由》中披露了这样一个事实："1986年5月，联邦法院颁布了一项决议，该决议允许美国的跨国公司自由地在海外扩展其工厂，而不必顾及这些工厂对当地居民可能造成的危害……该法院的法官同时还传递出这样一个清晰的信号，其他的跨国公司可以通过把子公司、合作伙伴以及各种经济和技术的协议隐藏起来的办法，来彻底逃避因在全球各地从事有毒害性的生产实践而必须担负的责任。"[①]

二是通过国际贸易的方式向发展中国家销售本国禁止生产和流通的有害产品或者低于本国技术标准的产

① ［美］詹姆斯·奥康纳：《自然的理由》，唐正东等译，南京：南京大学出版社2003年版，第315页。

品。最典型的例子是，发达国家于1996年禁止在本国生产和销售对臭氧层造成破坏的含氟利昂产品，却将含氟产品大批出口至发展中国家。

三是以“资源型”废物贸易的方式，直接将垃圾“卖”给发展中国家。数据显示，欧美发达国家的废弃物处理平均成本大概为每吨1000美元，而在一些发展中国家，因为环境标准低，危险废物的处理费用仅为美国的$\frac{1}{10}$。[①]在发达国家看来，将那些难以处理和降解的垃圾输往发展中国家是“经济”的，而发展中国家面临着诸如饥饿、失业等尖锐的社会问题，既无暇关注本国的生态环境问题，也没有能力承担维护生态的费用，对它们来说，当前的经济发展比控制环境污染更重要，从解决生存危机的角度考虑，这些发展中国家甚至乐于接受这些污染的转移。最赤裸的事例是，几内亚比绍政府曾与美国订立“君子协定”，几政府在5年内接受美国的150万吨的有毒废物，它便可获得6亿美元的现钞，相当于该国GDP的3倍，出口商品利润的25倍。[②]

除了以上貌似“合理交易”的污染输出手段以外，发达国家还以各种见不得人的方式对外转移垃圾，比如

① 舒基元、杨峥：《环境安全的新挑战：经济全球化下环境污染转移》，《中国人口资源与环境》2003年第3期。

② 胡峰：《污染转移的法学解读》，《国际贸易问题》2007年第4期。

日本曾经在向我国出口资源型废旧塑料时，夹藏有毒废料。2005年美国LDS基金会向我国贫困地区捐赠医疗器械，经检验检疫，绝大部分已经过期，还有一些一次性用品为废旧医疗垃圾。

总之，资本主义利用经济、科技、文化、军事等手段，不仅在全球掠夺发展中国家的自然资源，而且还把有毒的垃圾和肮脏的工业输出到发展中国家，是对全球自然资源和生存环境的双向度掠夺和剥削，西方生态学马克思主义称其为“生态帝国主义”。生态帝国主义加重了第三世界“自然的贫困”，使其陷入“生态恶化——经济贫困”的恶性循环，继续扩大南北差距，更深远的影响是，造成整个生物圈内人与自然新陈代谢的断裂，这是全球环境问题难以解决的症结之一。生态帝国主义是资本主义国家作茧自缚，破坏了人类赖以生存的地球生态环境，其实是在自掘坟墓。

二、构建人类命运共同体：全球生态治理的中国方案

党的十八大以来，面对充满不确定性的当今世界，习近平关切人类社会发展进步的前途命运，把握人类利益和价值的通约性，在国与国关系中寻找最大公约数，

提出人类命运共同体的创新理念。习近平主席指出："人类命运共同体，就是每个民族、每个国家的前途命运都紧紧联系在一起，应该风雨同舟，荣辱与共，努力把我们生于斯、长于斯的这个星球建成一个和睦的大家庭，把世界各国人民对美好生活的向往变成现实。"[①]构建人类命运共同体具体而言就是推动建设"五个世界"，即持久和平的世界、普遍安全的世界、共同繁荣的世界、开放包容的世界、清洁美丽的世界。

习近平的人类命运共同体思想是对马克思关于共产主义共同体思想的中国化发展。马克思批判资本主义国家实际上是维护少数资产阶级利益，只有"一种虚幻的共同体的形式"，提出建立把人从被奴役、被统配和被忽视的社会关系中解放出来的"真正的共同体"。"真正的共同体"是自由人的联合体，只有在人与自然和解以及人与人和解的共产主义社会，真正的共同体才能建立起来，人的自由全面发展也才能成为现实。习近平的人类命运共同体思想也是对中华传统文化"天下一家"思想的创造性转化和创新性运用，为携手共建生态良好的地球美好家园提供了科学的价值观基础，为推动全球生

① 习近平：《携手建设更加美好的世界——在中国共产党与世界政党高层对话会上的主旨讲话》，北京：人民出版社2017年版，第4页。

态治理凝聚起广泛共识。

（一）人类命运共同体理念的国际认同

2013年3月，习近平在莫斯科国际关系学院演讲，提出“这个世界，各国相互联系、相互依存的程度空前加深，人类生活在同一个地球村里，生活在历史和现实交汇的同一个时空里，越来越成为你中有我、我中有你的命运共同体”。这是第一次向世界传递对人类文明走向的中国判断。

2014年11月，习近平在第二次中央外事工作会议上提出了对外工作七个方面的战略布局，其中第一个就是切实抓好周边外交工作，打造“周边命运共同体”，深化同周边国家的互利合作和互联互通。

2015年3月，习近平出席博鳌亚洲论坛并发表《迈向命运共同体　开创亚洲新未来》的主旨演讲，强调各国应共同营造对亚洲、对世界都更为有利的地区秩序，通过迈向“亚洲命运共同体”，推动建设“人类命运共同体”。

2015年9月，习近平出席第七十届联合国大会一般性辩论并发表《携手构建合作共赢新伙伴　同心打造人类命运共同体》的重要讲话，首次系统提出了构建“人类命运共同体”的五大支柱：一是政治上要建立平等相待、互商互谅的伙伴关系，要奉行双赢、多赢、共赢的新理念，扔掉我赢你输、赢者通吃的旧思维，倡导“以对话解争端、以协商化分歧”，走出一条“对话而不对抗，结伴而不结盟”的国与国交往新路。二是安全上要营造公道正义、共建共享的安全格局，摒弃一切形式的“冷战思维”，充分发挥联合国及其安理会在止战维和方面的核心作用，通过和平解决争端和强制性行动双轨并举，化干戈为玉帛。三是经济上要谋求开放创新、包容互惠的发展前景，要秉承开放精神，推进互帮互助、互惠互利。四是文化上要促进和而不同、兼收并蓄的文明交流。文明之间要对话，不要排斥；要交流，不要取代。五是环境上要构筑尊崇自然、绿色发展的生态体系，要以“人与自然和谐相处”为目标，实现世界的可持续发展和人的全面发展。当时恰逢联合国成立70周年，习近平主席首次登上联大舞台，以“人类命运共同体”为旗帜，发表高屋建瓴、激浊扬清、指引未来的历史性讲话，极大地增强了中国的国际话语权。

2015年11月，习近平出席巴黎气候大会开幕式，发表《携手构建合作共赢、公平合理的气候变化治理机制》的重要讲话，强调《巴黎协定》是对建设“人类命运共同体”的推动，并就未来全球治理模式提出三点主张：一是应创造一个“各尽所能、合作共赢的未来”；二是应创造一个“奉行法治、公平正义的未来”；三是应创造一个“包容互鉴、共同发展的未来”。习近平总书记的开幕讲话与中国的建设性参与对最终达成《巴黎协定》起到了关键作用，也体现了中国外交对“人类命运共同体”的知行合一。

2017年2月，“构建人类命运共同体”理念写入联合国决议。2017年2月10日联合国社会发展委员会第五十五届会议协商一致通过“非洲发展新伙伴关系的社会层面”决议，呼吁国际社会本着合作共赢和“构建人类命运共同体”的精神，加强对非洲经济社会发展的支持。这是联合国决议首次写入“构建人类命运共同体”理念，标志着这一理念已经得到广大会员国的普遍认同。

2017年10月，习近平在党的十九大报告中指出，中国特色大国外交的总目标是推动构建新型国际关系，构建人类命运共同体，为新时代的中国外交作出了顶层设计，指明了方向。大会还同意把“推动构建人类命运共同体”写入《中国共产党章程》，成为习近平新时代中国特色社会主义思想的重要内容。

2017年11月，“构建人类命运共同体”的理念写入第72届联大负责裁军和国际安全事务第一委员会通过的“防止外空军备竞赛进一步切实措施”和“不首先在外空放置武器”两份安全决议，这也是人类命运共同体理念在党的十九大胜利闭幕后首次写入联合国决议，意义非同寻常，体现了国际社会对中国理念的广泛支持。此后，联合国大会、安理会和专门机构的决议多次写入“人类命运共同体”及“共商、共建、共享”原则。

总之，人类命运共同体思想由理念到理论，内涵不断丰富深刻；由愿景到倡议，成效明显；由双边到多边，认可范围不断扩展，表明这一超越民族国家和意识形态的“全球观”，成为国际社会变革全球治理体系、构建新型国际关系和国际新秩序的共同价值规范，成为新时代展示我国国际影响力、感召力、塑造力的关键词。

（二）人类命运共同体的生态向度

人类命运共同体，首先是生命共同体、生态共同体，因为人类只有一个地球，我们生活在一个互联互通、休戚与共的地球村里，无论种族、信仰或者肤色，全体人类都生活在同一片天空下，这是人类命运共同体最直观、最直接的体现。正如来自58个国家的152位专家于1972年向联合国提交的《只有一个地球——对一个小小行星的关怀和维护》的报告中写道：“在这个太空中，只有一个地球在独自养育着全部生命体系。地球的整个体系由一个巨大的能量来赋予活力。这种能量通过最精密的调节而供给了人类。尽管地球是不易控制的、捉摸不定的，也是难以预测的，但是它最大限度地滋养着、激发着和丰富着万物。这个地球难道不是我们人世间的宝贵家园吗？难道它不值得我们热爱吗？难道人类的全部才智、勇气和宽容不应当都倾注给它，来使它免于退化和破坏吗？我们难道不明白，只有这样，人类自身才能继续生存下去吗？”[①]从理论而言，人类命运共同体的生态向度是由生态环境的整体性和流动性以及环境问题的交织性与联动性所决定的。

1．生态环境的整体性和流动性

生态环境的整体性表现在三个方面：整体的结构、整体的功能和整体的运演规律。自然界是一个巨大的生态系统，从层带上来看，这个生态系统包括大气圈、生物圈和矿物圈；从成分上来看，这个生态系统包括有机物、无机物、气候、生产者、消费者和分解者；从过程上来看，这个生态系统包括物质、能量和信息的流动、水与大气的循环、物种的发育与变化等。这些层带、成分和过程纵横交错、彼此联结，形成一幅无穷无尽交织起来的整体画面。在自然生态系统中，不存在任何孤立的事件，任何一个遥远的微小的生态变化，都可能牵一发而动全身。比如，爪哇巨海鳝在夜间捕食鱼类，因其为无脊椎动物，可隐匿在其他捕食鱼类无法进入的珊瑚

① 冯天瑜等：《文明的可持续发展之道——东方智慧的历史启示》，北京：人民出版社1999年版，第117页。

礁丛中，维持了生态平衡；生长在阿尔卑斯山的锥形虎耳草，是岩壁上植物传粉的唯一媒介；圭亚那热带雨林的实心木山榄，具有极强的抗火和抗干旱能力，在遭受火灾后，能够帮助森林在焦土上重新繁衍生息。这些离人类生活较远的稀有物种都对整个生态环境造成巨大影响，更不用说与人类生存息息相关的臭氧层、海洋等生态环境保护的重大意义了。整个庞大地球的复杂性决定了单靠一个国家，无论这个国家经济和科技实力多么雄厚，都不可能真正解决全球性或地域性问题，只有国家间的相互合作才能有效地保护和解决环境问题。

同时，生态环境要素还具有不受国界、社会制度、意识形态影响的客观流动性，如大气、水、迁徙动物、洄游鱼类不受国境的限制，一个小范围的环境问题通过地理联系逐次传递，有可能对整个地区甚至全球的生态环境产生影响。我们今天面临十大全球性环境问题都是由区域性问题蔓延而来，局部地区的问题打破了区域和国家的疆界演变成为全球性的问题；暂时性的问题相互贯通、相互影响演变成长远问题；潜在性的问题进一步恶化、蔓延演变成公开性问题，成为人类共同面临的威胁。如果不开展国际合作，只是少数国家在治理环境问题，而其他国家环境污染没有得到改善，那么，生态环境要素的流动将使得那些少数国家的环境问题无异于边治理边污染，取得的成果也将前功尽弃。正如美国参加《有关臭氧层损耗的蒙特利尔公约》的谈判代表理查德·本尼迪写道："没有一个国家，或者国家集团，能够有效地解决这个问题，即使它们很有实力。没有更大范围的合作，一些国家保护臭氧层的努力会被削弱。"[①]这也是为什么20世纪五六十年代以来，西方国家采取环境治理措施，但是全球环境污染和生态破坏问题却在不断地加重的根本原因，因为他们将污染产业或者污染物转移到发展中国家，发展中国家环境问题全球蔓延，反噬发达国家的生态环境。

况且，在地球上有着许多两个以上国家共管的自然环境，如界河、界湖和国际共管河流等，必须由有关国家合作制定并遵守一定的规定。那些属于人类共有的环境资源，如公海、南极，更需要世界各国共同保护。如果我们仍然独善其身、推卸责任、事不关己，仍然不能破除冷战思维、加强合作、共担风险和挑战，仍然以种族、意识形态、政治制度等方面的差异为借口，你不治理、我也不治理，或者你治理、我污染，那么等待人类的命运必将是全体生存的灾难。为了保护自己及子孙后代赖以生存繁衍的地球，国际社会别无选择，只有互相

① 王琪等：《公共治理视域下海洋环境管理研究》，北京：人民出版社2015年版，第27页。

协商、互相合作，为人类共同利益携手治理环境。

2. 环境问题的交织性与联动性

环境问题是随着经济、社会的发展不断产生的，因此，生态环境问题不仅表现在自然界的污染和破坏上，而且也深刻地影响人类社会的各个方面。纵观人类社会发展史，国家间为争夺自然资源而发生武装冲突屡见不鲜。早在原始社会，氏族部落之间为了争夺赖以生存的土地、河流、山林等天然财富而发生冲突乃至战争，这也是人类战争的最早形式。人类进入现代社会，因争夺原材料、能源、海上航运以及其他重要自然资源特别是不可再生资源的控制权而发生武装冲突也屡见不鲜，比如，冷战结束后发生的海湾战争、科索沃战争、伊拉克战争等，无一不与争夺石油资源或控制石油通道直接相关。再比如，发达国家对发展中国家的资源掠夺和污染转嫁构成南北矛盾的重要内容，容易激化发达国家与发展中国家的冲突。

最典型的是，大的环境污染和生态破坏常常造成大批环境难民背井离乡，成为他国的不安定因素。英国眼泪基金会于2006年推出的研究报告《热浪袭人》显示：截至2006年，全球环境难民总数已达2500万，这个数量已经超过了全球政治难民总数的一半。[①]这些流离失所者前往他国寻求避难，给其他国家移民政策的制定和公共秩序的维持均带来巨大的挑战。环境难民在土地荒漠化和水资源严重短缺的非洲撒哈拉以南地区最为严重，摩洛哥、突尼斯和利比亚各国每年因荒漠化丧失1000平方公里的多产土地，多年以来，非洲难民都缓慢且稳定地移居欧洲南部，他们大多冒着生命危险，从摩洛哥渡过直布罗陀海峡到西班牙，或是乘简陋小船从利比亚和突尼斯逃到意大利、西班牙、德国等国。据统计，图瓦卢海平面从1993年至今总共上升了9.12厘米，按照这样的速度推算，保守估计，50年后图瓦卢将沉入海底，这将是首例因海平面上升而举国成为难民的国家。[②]生态学家诺曼·梅尔斯预计，在50年内环境难民的总数将会暴增至2亿人。[③]这些环境难民将成为未来影响世界和平稳定的巨大风险，“如果以邻为壑、隔岸观火，别国的威胁迟早会变成自己的挑战”[④]。因此，通

① 刘勇军、李慧玲：《“环境难民”国际法保护的困境与出路——以小岛国家面临全球气候变暖的威胁为视角》，《湖南行政学院学报》2013年第6期。

② 高丽娟等：《环境难民问题研究》，《安徽农业科学》2008年第4期。

③ 刘勇军、李慧玲：《“环境难民”国际法保护的困境与出路——以小岛国家面临全球气候变暖的威胁为视角》，《湖南行政学院学报》2013年第6期。

④ 习近平：《在第七十五届联合国大会一般性辩论上的讲话》，《人民日报》2020年9月23日第03版。

过国际合作解决环境问题有助于国际安全和政治秩序的稳定，特别是发达国家给予不发达国家环境管理、技术、资金上的帮助，帮助发展中国家解决环境问题和减少环境难民，其实就是帮助自己国家维持稳定的国内政治秩序，这也是共建美好家园的另一层含义。

（三）环境保护的跨国协作与维护国家主权

全球性环境危机迫切要求国际社会加强合作，但是在实践中又产生了环境国际合作与维护国家主权的矛盾之争。国家主权是指国家独立自主地处理自己内外事务，管理自己国家的权力。显然，这也包括国家对本国内的一切有关环境的事物拥有绝对的所有权和支配权。环境问题往往是区域性或者是全球性的，因此，有人指出，“由主权国家组成的世界无力应付地球受到威胁的难题。每一个政府都专注于追求国家目标，这些目标却是用经济增长、国家稳定和国际形象来定义的。民族主义的政治逻辑产生了由冲突和竞争主导的国际关系系统。这样一个系统在国际合作和协调的方面显示出极弱的能力，权力和权威的分配以及人类积极性的调动几乎被国家的自私目的所操纵”[①]。对此，不少西方学者主张限制甚至取消国家主权，他们认为，当前的生态危

① 张海滨：《论国际环境保护与国家主权原则之间的关系》，《国际政治研究》1998年第1期。

机，正是享有主权的民族国家的行为造成的，要切实解决这个问题，必须对某些过去认为是天经地义的权力进行约束，或者建立某种超国家组织，统一管理全球环境。如何看待人类命运共同体下环境国际合作与维护国家主权的关系呢？

首先，削弱和取消国家主权是不现实的。因为，国家仍是国际社会的基本组成部分，是国际关系中最重要的行为主体。正如英国历史学者保尔·肯尼迪所言，“即使国家的自治和作用由于超国家的趋势而减弱，也还没有出现一种足够的东西来代替它”[①]。特别是第二次世界大战后，民族解放运动蓬勃发展，许多国家从殖民统治下相继获得独立，他们十分珍惜和维护这来之不易的民族独立性和国家主权。而且过去10年，随着经济全球化带来的负面影响日渐加深，一些西方发达工业国家的民族主义大量抬头，曾经被西方国家用来批评和攻击发展中国家的民族主义“批判工具”，已经摇身一变成为西方国家“以自我为中心”、不断增强本国利益的“维权工具”。比如，特朗普政府的“美国优先”成为“美式民族主义”的代名词，美国成为当前发达国家中积极奉行民族主义的最强大力量。总之，大多数国家尤

① 刘德喜主编：《WTO与国家主权》，北京：人民出版社2003年版，第160页。

其是富裕的、先进的和强大的国家是不会把自己置于某种超国家机构的控制之下的。具有嘲讽意味的是，历史和现实都表明，极力主张削弱主权、干涉别国内政的人和国家，在涉及本国利益的时候却总是毫不含糊，很少有愿意放弃主权而让他国干涉其内政的。

其次，国际环保合作的事实表明，所有国际环保合作的进展，无论是保护臭氧层的合作还是气候谈判抑或跨界流域管理等，都是在尊重国家主权，而不是在削弱国家主权的基础上取得的。如同市场交易，市场主体不会做亏本买卖，任何一个国家都不愿意以牺牲自己主权为代价而开展国际协作。尊重国家的根本主权和完整是取得国际任何共同进步的关键。

在国际政治上，某些大国凌驾于国际法之上，借环境问题公然干涉别国内政和主权，霸权主义、强权政治屡见不鲜，最典型的就是西方国家渲染的“中国环境威胁论”，在这种形势下，坚持维护国家主权就显得尤为重要。关于这一点，我国明确表示，人类命运共同体“必须建立在尊重国家主权和领土完整、互不侵犯、互不干涉内政、平等互利、和平共处等国际关系准则的基础之上。各国经济、社会发展阶段不同，都有权根据自己的具体国情选择经济发展与环境保护的最佳道路。各国有权根据自己的需要，开发利用自己的自然资源，同时不给邻国造成损害，这一权利必须得到尊重。世界是丰富多彩的，任何试图将某一政治、经济模式强加给其他国家的做法，或在合作中附加种种不合理条件的做法，都将从根本上削弱这一伙伴关系的基础”①。

在国际社会中，各国不仅要在尊重国家主权的前提下，携手共同承担环境保护的责任和义务，而且还要为各国的发展特别是发展中国家的经济发展留下适当的空间。《里约宣言》明确指出：“为了缩短世界上大多数人生活水平的差距和更好地满足他们的需要，所有国家和所有人都应在根除贫穷这一基本任务上进行合作，这是实现可持续发展的一项不可少的条件”，“发展中国家，特别是最不发达国家和在环境方面最易受伤害的发展中国家的特殊情况和需要应受到优先考虑。环境与发展领域的国际行动也应当着眼于所有国家的利益和需要”②。因为，对于发展中国家来说，发展既是克服贫困的唯一出路，也是解决环境问题的根本措施。发达国家应该承认发展中国家的权利，不能利用环境问题阻碍发展中国家的经济发展，限制发展中国家对自然资源的合理开发

① 马俊峰、马乔恩：《构建人类命运共同体的历史性研究》，北京：人民出版社2019年版，第59页。

② 王伟：《生存与发展——地球伦理学》，北京：人民出版社1995年版，第110页。

和利用。从历史上看，发达国家的发展在许多方面都是以发展中国家的贫困为代价而取得的，发展中国家存在的贫困落后和环境污染等问题如果长期得不到解决，发达国家的经济社会发展环境也将受到影响。因此，发达国家应当从人类进步的共同利益出发，在坚持国际公正的基础上，在资金、技术等方面给予发展中国家一定的支持，帮助其摆脱困境。当然，发展中国家在谋求发展的过程中应避免走先污染、后治理的道路，要把经济发展与环境保护联系起来，依靠科技进步实行清洁生产和绿色消费，建立经济、社会、环境相协调的可持续发展模式，自觉履行保护环境的责任和义务。

三、引领构建全球气候治理新秩序

20世纪以来，全球平均气温上升以及由其所造成的洪涝灾害、飓风等气候灾害事件的频繁发生，使得全球气候变化成为国际社会最为关注的生态环境问题。早在1896年，瑞典科学家S.阿尔赫尼斯通过计算得出大气中碳含量的增多是由于人类活动引起的结论，并指出燃烧煤炭使空气中二氧化碳浓度加倍，这将导致全球平均气温增加5~6℃。[1]1979年2月，第一届世界气候大会召开，来自世界50多个国家的400多名科学家齐聚日内瓦，呼吁各国政府决策者采取预防性措施以应对人类对气候系统的人为干扰，这标志着科学界在达成全球变暖问题的科学共识方面迈出了重要的一步。1988年，世界气象组织（WMO）和联合国环境规划署（UNEP）联合成立了联合国政府间气候变化专门委员会（Intergovernmental Panel on Climate Change，IPCC)，其任务是定期组织对有关气候变化研究结果进行评估，以便向国际社会和各国政府提供有关气候变化的科学和技术信息。1990年IPCC发布了第一次气候变化评估报告，评估结果表明：全球气候正在变暖，原因主要是人类燃烧化石能源和毁林开荒等行为向大气排放大量温室气体，全球气温升高将导致海平面上升、粮食减产、传染病增加、水资源短缺、濒危物种灭绝等严重后果，对自然生态系统和人类社会产生相当不利的影响，因此，必须积极行动起来，应对气候变暖。1990年12月21日，第45届联合国大会设立气候变化框架公约政府间谈判委员会，自此，各国政府成为国际气候合作舞台上的主角。

① 肖兰兰：《互动视域下中国参与国际气候制度建构研究》，北京：人民出版社2019年版，第39页。

（一）气候变化对人类有什么影响

2022年的夏天，关于高温的话题一直没断过，“晒干江”“热晕鸟”……最高温纪录一次又一次被打破，让人“热不堪言”。除了中国，英国也发布有史以来最高级别的红色高温预警，2022年7月，英国气温创纪录地超过40℃，英国甚至宣布进入国家紧急状态；2022年4月，印度记录到自从1901年以来的最热气温；4月29日，巴基斯坦东南部两座城市气温达到了47℃，创下北半球当天的最高气温；连北纬65°的冰岛也记录到了29.4℃的最高气温。种种迹象表明，全球气候系统出现了以变暖为主要特征的明显变化。气候变暖的影响远不是炎热这么简单，它对人类社会的方方面面都产生了广泛而深远的影响。

1. 严重冲击经济发展

全球变暖，海洋承担了温度上升的大部分后果，除了海平面升高以外，水汽增加引发大气层内能量释放，这些过程会带来更多的降水、更强的飓风，也可能导致极致的旱灾和极端的寒冷。仅以2022年为例，澳大利亚新南威尔士州遭遇五十年一遇的大洪灾；蒙古国连续遭遇强沙尘暴和暴风雪；北美洲多地遭遇强风暴雨以及龙卷风天气；巴西东北部持续强降雨，导致山体泥石流滑坡；东非连续四个季度无雨，使埃塞俄比亚、肯尼亚和索马里陷入了四十年不遇的干旱。

气候变化导致的各种灾害重创当地经济系统。例如，2021年2月，美国得克萨斯州寒潮致使德州最大的电力公司布拉索斯电力合作公司破产，经济损失高达1950亿美元。世界气象组织发布的《2020年气候服务状况报告》显示，在过去的50年中，全球发生超过1.1万起与气候相关的自然灾害，致使200万人丧生，造成经济损失高达3.6万亿美元。欧洲环境署2022年发布的一份报告显示，过去40年，风暴、热浪和洪水等极端天气事件给欧洲国家造成的损失达4500亿至5200亿欧元，其中3%的灾害造成的经济损失占比达60%。非洲联盟委员会表示，到2030年，如不采取应对气候变化的措施，非洲将有多达1.18亿极端贫困人口。

气候变化也是粮食减产的主要原因。农业是受气候变化影响最敏感的领域，全球气候变化会使气温和降雨形态迅速发生变化，许多地区的农作物无法适应或不能很快适应气候的变化而将减产。比如，2013年，我国河南等地冬小麦生长期间遭遇冻害、干热风和强降雨大风天气，导致小麦品质下降；2022年，孟加拉国大部分地区遭暴雨袭击，洪涝灾害破坏了至少近30万吨稻米。数据显示，气候变化能够使小麦和玉米平均每10年分别减产约1.9%和1.2%，1961年以来的气候变化，已经使全球农业生产力下降了21%。

2．“气候难民”痛失家园

气候难民是指因气候变暖导致生存受到威胁，被迫离开本国国土的难民群体。近年来，成千上万的人因为干旱等极端天气逃离危地马拉、洪都拉斯等中美洲国家；在孟加拉国，每年都有数十万人在猛烈的季风和洪水中失去家园；在西非的萨赫勒地区，由于极端干旱、严重饥荒，人们不得不踏上迁徙之旅；在加勒比地区，超强飓风吹垮成片的房屋，人们频繁地寻找新的落脚地……

世界银行在2021年的报告中警告称，气候变化导致的难民潮一年比一年更猛烈，2020年全球产生3070万气候难民，是武力纠纷所造成的难民规模的3倍，到2050年最多将带来2.16亿气候难民，这不仅是发展中国家的灾难，也将给发达国家带来严重的人口治安压力。

图瓦卢，一个位于澳大利亚和夏威夷之间的岛国，陆地面积仅有26万平方公里，由于地势低洼，最高点海拔仅4.5米，全球气候变暖造成海平面上升，海水入侵图瓦卢导致土壤盐碱化，粮食和蔬菜无法生长。同时，海水升温使珊瑚礁萎缩死亡，失去天然屏障的海岛经常遭受着风暴海潮的袭击，严重威胁着国民的生存。2001年11月，图瓦卢领导人宣布他们对抗海平面上升的努力已宣告失败，全国1.1万民众不得不放弃自己的家园，举国搬迁至新西兰。专家预计，50年之后图瓦卢大部分国土将彻底淹没在海水之下，将成为全球首个被海水吞没的国家。

3. 影响人们身心健康

大家都知道，夏天菜容易变馊是因为夏天气温太高，利于各种细菌的繁殖。全球变暖也是同样的道理，气温升高会导致疟疾、黑热病、登革热等传染病的发病率上升。温室效应还会导致空气污染严重，增加哮喘、过敏、脑卒中等疾病的风险。

更严重的是，那些掩埋在冰川中的病原菌，会随着冰川的融化而复活，将成为威胁人类生存的致命病毒。这并非危言耸听。2016年，俄罗斯西伯利亚地区曾出现过一场大规模炭疽感染。科学家在对病毒进行溯源后发现，罪魁祸首竟然是因北极永久冻土层融化而出现的2300具腐烂的麋鹿尸体。如今，北极地区的气温升高让越来越多保存完好的动物尸体开始“浮出水面”，比如已灭绝近万年的猛犸象的尸体、死于2.8万年前且保存完好的狮子幼崽尸体等，这些封存了上万年甚至几十万年的古细菌，人类可能闻所未闻，一旦被感染，可能无药可救，最终导致全球大流行病。

气候变化还会诱发心理疾病。气温升高使人们失眠天数增多，导致认知能力下降，特别是记忆巩固方面的能力下降，更易患上抑郁症等精神疾病。美国一项研究发现，气候每变暖1℃，精神问题就会增加2%；从自杀率上看，气温每增加1℃，自杀率会增加0.68%。同时，气温升高还会使人们产生更多攻击性的想法，变得更加暴力。有研究表明，美国较热地区的暴力犯罪率明显高于较冷的城市，而且凶杀率也会随着气温的升高而升高。

（二）气候谈判的曲折历程

1992年5月，气候变化框架公约政府间谈判委员会在纽约通过了《联合国气候变化框架公约》（以下简称《公约》），同年6月在巴西里约热内卢召开的首届联合国环境与发展大会上，提交参会各国签署。1994年3月21日，《公约》正式生效。《公约》的主要目标是控制大气温室气体浓度升高。《公约》还根据大气中温室气体浓度升高主要是发达国家早先排放的结果这一事实，明确规定了发达国家和发展中国家之间负有“共同但有区别的责任”，即各缔约方都有义务采取行动应对气候变暖，但发达国家对此负有历史和现实责任，应承担更多义务，而发展中国家首要任务是发展经济、消除贫困。

《公约》虽确定了控制温室气体排放的目标，但没有确定发达国家温室气体量化减排指标。为确保《公约》得到有效实施，经过多次谈判，1997年底在日本京都通过了《京都议定书》，首次为39个发达国家规定了一期（2008—2012年）减排目标，即在他们1990年排放量的基础上平均减少5.2%。同时，为了促使发达国家完成减排目标，还允许发达国家借助三种灵活机制来降低减排成本。此后，各方围绕如何执行《京都议定书》，又展开了一系列谈判，在2001年通过了执行《京都议定书》的一揽子协议，即《马拉喀什协定》。2005年2月16日，《京都议定书》正式生效，但美国以种种理由拒绝签署议定书。

《京都议定书》只规定了发达国家在2008—2012年间的减排任务，2012年后如何减排则需要继续谈判。由于当时最大的温室气体排放国美国游离于京都机制之外，因此，后京都国际气候谈判，一方面是为了履行《京都议定书》中的减排行动和目标，另一方面也是对后京都时代国际气候治理制度的进一步协商。2005年底，《京都议定书》二期减排谈判正式启动，主要是确定2012年后发达国家减排指标和时间表，并建立了《京都议定书》二期谈判工作组。但后京都国际气候谈判阶段过程很不顺畅，困难重重。美国表示只有中、印等新兴经济体进行强制减排，美方才会考虑承担强制减排责任；欧盟强调，只有制定一个囊括美国和新兴经济体在内的所有主要排放国都承担减排指标的协议，欧盟才接受《京都议定书》第二承诺期；2011年，加拿大宣布正式退出《京都议定书》，成为继美国之后第二个退出的国家。

经过数轮艰难谈判，直到2015年，不同阵营集团才达成一定的共识，形成《巴黎协定》。《巴黎协定》是针对《公约》缔约方所有国家在内的2020年以后应对气候变化的总体制度性安排和新的气候秩序。它重申了《公约》所确定的“公平、共同但有区别的责任和各自能力”的原则，共29条，包括目标、减缓、适应、损失损害、资金、技术、能力建设、透明度、全球盘点等内容。《巴黎协定》是继《京都议定书》后第二份具有法律约束力的全球气候协议，为2020年后全球应对气候变化制定的框架。此后举行的多次会议就《巴黎协定》的实施细则进行谈判，并最终在2018年波兰的卡托维兹气候大会上完成谈判，就透明度、气候资金、全球盘点以及技术评估和转移等相关问题达成一定共识，取得了一揽子全面、平衡、有力度的成果。

（三）气候谈判背后的复杂博弈

回顾国际气候合作的发展历程，以1979年第一届世界气候大会的召开为标志，国际科学界开启对气候问题的系统研究，通过奔走呼吁及召开世界性会议的方式，推动气候问题逐步纳入各国政府的视野和国际政治议事日程。从《联合国气候变化框架公约》《京都议定书》到《巴黎协定》生效以及实施细则的达成，国际气候治理体系处于不断发展完善之中。气候问题的公共性以及国际社会的无政府状态决定了国际气候治理历程的步履维艰，气候治理的每一次迈进无不是各缔约方之间利益博弈和相互妥协的产物。

1. 气候治理目标之争——环境优先还是发展优先

在应对气候变化问题上，发达国家企图撇清发展问题与环境问题之间的界限，只想制定一个专门控制温室气体排放的单一环境协议，并提出要将全球环境问题和地区环境问题区别对待。发达国家认为全球环境问题仅是指气候变化和臭氧层减少这样起源于工业化而对世界上所有国家产生负面影响的问题，其治理需要世界上所有国家的共同努力；像土地退化、水污染以及其他类似的问题属于地区环境问题，是由于发展中国家自身的贫困及经济不发达所致，应由本地区的国家独自去解决。发达国家将两类环境问题截然分开的目的就是企图将发展中国家纳入应对气候变化的义务减排行列，而同时排除自己帮助发展中国家解决应对地区环境问题的义务。

中国和其他发展中国家则强调发展问题和平等问题，认为贫穷问题和环境问题紧密相关，现实物质性要素的欠缺迫使贫困人口从外界环境系统中求得补充，仅仅关注眼前的生存利益而忽视可持续发展的长远利益，掠夺型的资源开发方式、粗放的发展模式与落后的技术手段势必会加速自然环境的破坏，而且穷人没有能力也不愿意投资于见效慢的生态环境管理。发展中国家反对将环境问题置于发展问题之上，坚持环境问题必须在经济发展过程中予以解决。

中国多次提出应对气候变化的措施不以损害国家主权尤其是经济发展的权利为前提和条件。在中国和其他发展中国家的共同努力下，发达国家被迫妥协，同意《公约》目标具有双重性，既包括稳定大气浓度的环境目标，又包含促进各国经济的发展目标。后来实践证明，中国和发展中国家在气候谈判初期就主张将气候问题与发展问题联系起来考虑的策略意义重大，因为在当前资源禀赋和技术条件下，国际社会应对气候变化的举措直接影响各国经济未来发展空间及国际战略走势。中国也一直在通过自身的发展来实现可持续发展与应对气候变化问题的统一，尤其在《巴黎协定》谈判及签署过程中，中国将“发展导向”引入《巴黎协定》，并作为未来气候变化全球治理的基石之一，实际上是将丰富的国内发展经验转化为国际公共产品，努力提供一套兼顾发展与环境的方案。

2. 碳排放标准之争——单位GDP排放还是人均排放

在国际气候谈判初期，在如何表述各国二氧化碳的排放状况时，发达国家和发展中国家的争论也相当激烈。美国等发达国家代表坚持以单位GDP的二氧化碳排放为衡量标准，认为单位GDP的排放强度代表了效率和进步。以中国和印度为代表的发展中国家则坚持以二氧化碳的人均排放为标准，认为这反映了国际温室气体排放的历史和现实。经过激烈交锋，发展中国家的人均排放主张占据了一定优势，发达国家被迫同意在IPCC评估报告中增列人均二氧化碳排放的国家分类栏，并将其放在碳排放强度标准栏的前面。

在现有技术条件下，应对全球变暖最直观的和立竿见影的方式就是减少全球温室气体的排放量。由于人口数量、能源结构以及发展阶段等方面的原因，未来温室气体的排放增长量将主要来自发展中国家，所以，在应对气候问题的国际谈判中，发展中国家尤其是中国面临减排的压力将会与日俱增。依据人均原则，与发达国家在人均温室气体排放上面的差距成为相当长一段时间内发展中国家，尤其是像中国这样的发展中大国减缓温室气体绝对量化减排的缓冲剂。

3. 气候治理原则之争——共同的责任还是共同但

有区别的责任

自气候问题进入国际政治议事日程，责任归属及义务分担就成为各国争论的焦点与核心。西方发达国家认为其先前的工业化行为跟现在的气候问题并无直接因果联系，坚持认为发达国家只不过是在时间上较早运用了大气权利，以前的累积排放不但没有责任，现在的排放权也应该根据传统和习惯基于原来排放权发放，批评发展中国家抛开现存的国际规则和市场机制借应对气候变化的机会向发达国家索取资金和技术，认为应对气候变化是世界上所有国家的共同责任和义务。

发展中国家认为，气候问题主要是由发达国家在工业化过程中大量排放温室气体造成的，发达国家的历史累积排放和高人均排放已过多挤占发展中国家未来的发展空间，发达国家理应为其历史责任买单，承担主要的减排责任，并且发达国家的经济水平和科技能力使其也有能力率先应对气候变化；而发展中国家则由于较低的历史排放水平和人均排放量，其当前第一要务应是消除贫困和发展经济，既无道德责任亦无现实能力去承担减排责任。

中国于1991年1月在政府间气候变化谈判开始前出台了《关于气候变化的国际公约条款草案》，在第二条“原则”部分提出：“气候变化为人类共同关切的问题，各国在应对气候变化问题上具有共同但又有区别的责任。”1991年6月，中国邀请41个发展中国家的环境部长在北京召开部长级会议，并通过了反映发展中国家原则立场的《北京宣言》，即框架公约应确认发达国家对过去和现在温室气体的排放负主要责任，必须立即采取行动；近期内不能要求发展中国家承担任何义务，但是应该通过技术和资金合作鼓励它们采取既有助于经济发展又有助于解决气候变化问题的措施；框架公约必须包含发达国家向发展中国家转让技术的明确承诺并建立单独资金机制；发展中国家在解决气候变化带来的不利影响时必须获得充分必要的科技和资金合作。但是发达国家对中国只谈“区别责任”提出异议，经过激烈较量，最后在《公约》文本中达成如下表述：“各缔约方应当在公平的基础上，并根据它们共同但有区别的责任和各自的能力，为人类当代和后代的利益保护气候系统。”

可以说，“共同但有区别的责任”原则在《公约》中的确立，是由发展中国家特别是中国的积极推动，最终由发达国家和发展中国家妥协的结果。共同但有区别的责任原则是发展中国家在国际气候治理中取得的最大胜利，为此后国际气候谈判奠定了原则基础和谈判基调，直到今天仍然是发展中国家的“护身符”。[①]

（四）全球气候治理的大国担当

气候问题的治理不仅关系到气候问题这一全球公共物品的未来解决之道，而且关系到各国在未来气候治理中的权利和义务分配，影响各国未来的经济发展空间。因此，国际气候治理的政治博弈日益复杂化，从力量布局来看，发达国家由于资金、技术等方面的优势，在国际气候谈判总体架构中明显处于强势地位，在诸如升温阈值、履约方式、气候基金设置等具体议题上牢固地掌控气候谈判的话语权。到目前为止，发展中国家并未获得发达国家允诺的气候资金和技术方面的支持，在应对气候变化中的被动、劣势地位未能得到根本改善。中国作为最大的发展中国家，认真落实生态环境相关多边公约或议定书，国家主席习近平多次在国际场合发表讲话，阐述中国对全球气候治理的看法和主张，主动推动和引导全球气候变化谈判进程，已成为全球生态文明建设的重要参与者、贡献者、引领者。

1. 中国的减排承诺和努力

气候变化关乎人民福祉，关乎人类未来，是全球面临的共同挑战。中国一直是全球应对气候变化事业的积

① 肖兰兰：《互动视域下中国参与国际气候制度建构研究》，北京：人民出版社2019年版，第119页。

极参与者，中国是最早制定实施《应对气候变化国家方案》的发展中国家，是近年来节能减排力度最大的国家，是新能源和可再生能源增长速度最快的国家，是世界上人工造林面积最大的国家。习近平提出："应对气候变化是我们自己要做，不是别人要我们做，是我国可持续发展的内在要求，是推动构建人类命运共同体的责任担当。"[①]作为一个负责任的大国，中国政府对气候治理贡献做出庄严承诺。

——在2009年12月的哥本哈根世界气候大会上，中国政府向世界承诺，到2020年使单位GDP的碳排放比2005年降低40%~45%。

——在2014年的中美气候变化联合声明中，中国计划到2030年左右使二氧化碳排放达到峰值且将努力早日实现这一目标，并计划到2030年使非化石能源占一次能源消费比重提高到20%左右。

——2015年上半年，中国向联合国气候变化框架公约秘书处正式提交了国家自主贡献文件，提出将于2030年左右使二氧化碳排放达到峰值并争取尽早实现，2030年单位国内生产总值二氧化碳排放比2005年下降60%~65%，非化石能源占一次能源消费比重达到20%左右，

① 新华社中央新闻采访中心：《2019全国两会记者会实录》，北京：人民出版社2019年版，第241页。

森林蓄积量比2005年增加45亿立方米左右。虽然需要付出艰苦的努力，但我们有信心和决心实现我们的承诺。

——2015年9月25日，习近平与奥巴马再次发表中美气候变化联合声明。中国明确提出了一些短期目标：计划于2017年启动全国碳排放交易体系，将覆盖钢铁、电力、化工、建材、造纸和有色金属等重点工业行业；承诺将推动低碳建筑和低碳交通，到2020年城镇新建建筑中绿色建筑占比达到50%，大中城市公共交通占机动化出行比例达到30%；将于2016年制定完成下一阶段载重汽车整车燃油效率标准并于2019年实施；将继续支持并加快削减氢氟碳化物行动，包括到2020年有效控制三氟甲烷（HFC-23）排放。

——2016年4月，中国倡议二十国集团发表了首份气候变化问题主席声明，率先签署了《巴黎协定》，率先发布《中国落实2030年可持续发展议程国别方案》。同年9月，习近平向联合国交存《巴黎协定》批准文书。

——2021年9月22日，习近平在第七十五届联合国大会一般性辩论上郑重宣告，中国“二氧化碳排放力争于2030年前达到峰值，努力争取2060年前实现碳中和”。这是国际环境政策领域的一座里程碑，充分彰显了我国应对全球气候变化的领导力和大国担当，有力对冲了逆全球化影响。

在实际执行中，中国把应对气候变化的措施融入国家经济社会发展中长期规划，采取调整优化产业结构、构建低碳能源体系、发展绿色建筑和低碳交通、建立全国碳排放交易市场等一系列政策措施，积极探索符合中国国情的低碳发展道路，全国单位GDP二氧化碳排放持续下降，基本扭转了二氧化碳排放总量快速增长的局面。2017年，我国单位国内生产总值二氧化碳排放比2005年下降约46%①，提前3年实现且超过中国向国际社会承诺的“2020年碳排放强度比2005年下降40%~45%”的目标。根据国务院2024年8月发布的《中国的能源转型》白皮书显示，截至2019年底，我国碳强度实际比2005年降低48.1%，非化石能源占能源消费比重达到15.3%，都提前完成了2020年的目标。截至2023年底，清洁能源消费比重达到26.4%，中国可再生能源发电总装机容量约占全球可再生能源发电总装机的40%②，是世界节能和利用新能源、可再生能源第一大国。

中国的节能减排成就极大地提振了国际社会共同实

① 新华月报编：《新中国70年大事记（1949.10.1—2019.10.1）》（下），北京：人民出版社2020年版，第1917页。

② 《中国的能源转型》白皮书，中华人民共和国国务院新闻办公室官网，http://www.scio.gov.cn/zfbps/zfbps_2279/202408/t20240829_860395.html

施《巴黎协定》和推动疫后世界经济绿色复苏的信心，是中国为应对全球气候变化做出的努力和贡献，也为推动疫后经济可持续和韧性复苏提供了重要政治动能和市场动能。下一步，我国将继续保持生态文明建设战略定力，大力发展非化石能源，深化重点领域绿色低碳行动，以更大决心和更大力度，努力实现新的国家自主贡献和碳中和愿景，为应对全球气候变化做出更大贡献。

案例：

北京冬奥会兑现“碳中和”承诺

奥运会是举世瞩目的全球体育盛会，也是主办国向国际社会树立国家形象的最佳机会。面对气候变化这个人类共同的挑战，很多国家的大型赛事都提出要争取实现“碳中和”，比如2021年的东京奥运会也提出了要实现“碳中和”，但是并没有实现“零排放”的目标。2022年的北京冬奥会，圆满兑现实现碳中和的承诺，成为迄今为止第一个兑现“碳中和”承诺的奥运会。北京冬奥会是如何实现碳中和的呢？

史上最小的奥运主火炬

火炬，一直以来都是历届奥运会开幕式的关键一环，集万千瞩目于一身。古代奥运会上，人们点燃火种以纪念古希腊神话中为人类盗取火种的普罗米修斯。现代奥运历史上，1928年首次引入火种，并从1936年柏林奥运会开始进行火种传递。自此，开幕式上必须有“火”，几乎像定理一样不可改变。

在冬奥会开幕式上，所有人都在期待最后一棒火炬手点燃主火炬这一激动人心的时刻。可是出人意料的是，最后一棒没有点火，传递过来的最后一个火炬就是主火炬。这个主火炬很小，火炬手可以轻轻地举起传递，小到可以放在小箱子里面，在巨大的奥运开幕式会场，显得更加渺小，在会场稍远处，如果不用望远镜难以看到它的存在。

冬奥会既没有给人以视觉震撼的点火，也没有熊熊燃烧的大火。往届奥运会的主火炬燃料多以烷烃为主，2008年北京夏季奥运会的主火炬就是由天然气点燃，该火炬一小时可以消耗5000立方米燃气，排放大量的二氧化碳。熊熊燃烧十几天甚至更久的圣火固然是奥运精神的体现，但站在低碳角度，这无疑不是绿色的选择。本次冬奥会首次使用氢能作为火炬燃料，氢气被认为是最清洁环保的燃料，其燃烧产物只产生能量和水，是完全的零排放燃料。

以“不点火”代替“点燃”，以“微火”取代熊熊燃烧的大火，以氢能火炬代替普通火炬，中国向世界精准地传达了低碳环保的理念，体现了“绿色办奥”的决心。

“冰丝带”里的“黑科技”

坐落于北京市朝阳区的国家速滑馆，是本届冬奥会唯一新建的冰上竞赛场馆，其由22条丝带状曲面玻璃幕墙环绕，因此又被称为“冰丝带”。在这次冰雪盛会里，“冰丝带”国家速滑馆一直以“高科技”的形象示人。可能很多人并不理解，不就是“结冰”吗？有啥稀奇？

“绿色制冰”这件事里的科技含量并不少。以往的冬奥会都是使用氟利昂来制冰造雪，对环境造成极大破坏，使用了一吨氟利昂，相当于使用三四千吨的二氧化碳，也就是相当于三百多万度电的碳排放。本届冬奥会冰上场馆则选用了二氧化碳跨临界制冷系统这项“黑科技”，具体做法就是将气态的二氧化碳通过加压膨胀后成为液态，直接进入冰面下，以蒸发吸热的方式进行制冰。这不仅没有污染，零排放，而且还能把能效提升30%，过程中产生的余热，还被回收，用来给运动员供暖等。仅国家速滑馆，每年就能省下200万度电。

更重要的是，采用二氧化碳跨临界直冷制冰技术，将冰面温差控制在了0.5℃以内，远低于国际滑联冰面温差不超过1.5℃的标准。温差越小，冰面的硬度就越均匀，冰面便越平整，越有利于出成绩，无论运动员滑到第几圈，冰的品质都一样好。在这次冬奥会上，运动员屡次滑出个人历史最好成绩，他们把“冰丝带”赛道称为“最快冰面”。

多途径的碳抵消

为了实现碳中和，冬奥会详细列出了有可能排放二氧化碳的200多种排放源：奥组委日常办公中的纸张、墨盒、电脑等不起眼的办公用品不容忽视；运动员的饮食中，不仅食物和饮料分开核算，连它们的包装也要分开统计；“一墩难求”的冰墩墩、雪容融等特许商品有织物、纸质、金属、塑料等不同材质，每一项都是独立的排放源；甚至观赛发放的小旗帜，也分为国旗和会旗两项排放源。然后，对这些排放源逐一采取了针对性的零排放举措，过程极其烦琐复杂。北京冬奥会为实现碳中和也是拼了！

虽然北京冬奥会在许多方面的措施都颇具成效，但有一些排放，例如来自运动员航空旅行的排放仍然无法完全避免。为了抵消这些影响，本届冬奥会也采用了碳抵消措施：北京市造林绿化71万亩，张家口市建设50万亩生态水源保护林，这两项绿色工程分别可减少53万吨和57万吨的二氧化碳；中国石油、国家电网、三峡集团等北京冬奥会官方合作伙伴也分别向北京冬奥组委赞助了20万吨碳汇量。

北京冬奥会践行“绿色办奥”的成果得到国际社会的充分肯定。国际奥委会北京冬奥会协调委员会主席小萨马兰奇在接受采访时认为“北京冬奥会是‘最绿色’的奥运会”。国际奥委会品牌和可持续发展总监玛丽·萨鲁瓦说：“全世界都在努力适应气候变化带来的影响，低碳环保对于奥林匹克的未来非常重要。北京冬奥会碳排放全部中和，成为‘奥运遗产可持续发展’的助推器，将为全球带来示范效应”。

——资料来源：李娟《美丽的中国》，大象出版社

2. 中国对发展中国家的帮助

气候变化南南合作是应对气候变化国际合作的重要内容，中国坚持正确义利观，认真落实气候变化领域南南合作政策承诺，支持发展中国家特别是最不发达国家、内陆发展中国家、小岛屿发展中国家应对气候变化挑战。

2014年11月，中国发布《国家应对气候变化规划（2014—2020年）》，提出大力开展气候变化南南合作，支持发展中国家能力建设，拓展培训领域，创新培训方式，帮助有关发展中国家培训气候变化领域各类人才。

2015年11月，习近平出席联合国气候变化巴黎大会开幕式并提出气候变化南南合作“十百千”项目：“为加大支持力度，中国在今年9月宣布设立200亿元人民币的中国气候变化南南合作基金。中国将于明年启动在发展中国家开展10个低碳示范区、100个减缓和适应气候变化项目及1000个应对气候变化培训名额的合作项目，继续推进清洁能源、防灾减灾、生态保护、气候适应型农业、低碳智慧型城市建设等领域的国际合作，并帮助他们提高融资能力。”

2019年4月，习近平在第二届“一带一路”国际合作高峰论坛发表主旨演讲，倡议同有关国家一道实施“一带一路”应对气候变化南南合作计划。“一带一路”建设将为南南合作培训项目提供新的动力，为与有关国家共同携手应对气候变化提供新的帮助。

截至2024年9月，中国已与42个发展中国家签署52份气候变化南南合作谅解备忘录，通过合作建设低碳示范区，实施减缓和适应气候变化项目等方式，尽己所能帮助其他发展中国家提高应对气候变化的能力。在能力建设培训方面，累计在华举办62期应对气候变化南南合作培训班，为120多个发展中国家培训2500余名气候变化领域的官员、专家学者和技术人员，受到发展中国家的广泛好评[①]。

通过课堂学习、参观考察、互动交流等多种方式，参训学员全面系统地了解了中国应对气候变化的政策与行动；通过近距离了解中国低碳技术及产业发展，参训学员能够对比思考适应本国国情的应对气候变化方案。培训期间，不少学员表达了与我国相关机构加深合作交流的意愿，有的已经签订了合作框架协议，不仅为后续有针对性地开展更深层次对接与合作创造了条件，而且为我国与学员国家开展长期交流合作奠定了基础。

案例：

来自“朋友圈”的评价

中国在应对气候变化和绿色低碳发展方面的知识和技术

① 2024年南南合作气候投融资专题研讨班在京开班，今日中国官网，http://www.chinatoday.com.cn/zw2018/ss/202409/t20240903_800376342.html

都更成熟，如新能源公交系统等。希望有机会在相关领域与中国合作，发展国内热电联产技术、可再生能源技术，并学习中国发展绿色低碳交通工具、发展新能源技术和设备、积极控制碳排放的经验，打造地铁和火车轨道交通网等。

——伊朗环境部国家大气与气候变化中心技术专家 Seyed Mohammad Amin Mirrezaei

埃塞俄比亚已与中国在基础设施建设、适应减缓气候变化、可再生资源领域以及交通运输等方面开展合作。希望中国帮助埃塞俄比亚加强应对气候变化人力资源的开发和发展。

——埃塞俄比亚空间科学技术研究所主任 Getachew Wollel Tiruneh

通过此次培训了解到中国在低碳技术发展及产业化方面所做的工作和中国在低碳技术发展路径方面的建议。中国的做法与发达国家不同，中国的做法在于提供自己的经验，而不是强调自己路径的正确性，并不强迫其他国家照搬自己的模式和做法，给了其他国家的人员进行思考和选择的空间，因此有着在更广阔领域合作的机遇。

——巴西米纳斯州天主教大学教授 ThaigoDe Araujo Mendes

——资料来源：王菁菁、曾红鹰《应对气候变化南南合作培训项目》，《可持续发展经济导刊》2020年第5期

3. 中国的倡导和呼吁

《联合国气候变化框架公约》生效20多年来，在各方共同努力下，全球应对气候变化工作取得积极进展，但仍面临许多困难和挑战。为促进各方最大程度展示诚意、聚同化异、相向而行，习近平在国际场合多次倡导建立公正合理的国际气候治理秩序，为世界贡献中国智慧、中国理念、中国方案。

第一，要秉持共同但有区别的责任原则。从最早的是否继续坚持共同但有区别的责任原则，到近年来的共同但有区别的责任原则如何解读、体现和落实，各方围绕该原则涉及的历史责任、减排义务、资金、技术支持、透明度等话题展开激烈争论，并耗费了大量的人力、时间和政治资源，共同但有区别的责任原则的权威性也不断受到冲击。

习近平指出，“发达国家和发展中国家对造成气候变化的历史责任不同，发展需求和能力也存在差异。就像一场赛车一样，有的车已经跑了很远，有的车刚刚出发，这个时候用统一尺度来限制车速是不适当的，也是不公平的”[①]，应对气候变化“不应该妨碍发展中国家消除贫困、提高人民生活水平的合理需求”，要倡导和而不同，“尊重各国特别是发展中国家在国内政策、能

① 《习近平关于社会主义生态文明建设论述摘编》，北京：中央文献出版社2017年版，第132页。

力建设、经济结构方面的差异，允许各国寻找最适合本国国情的应对之策，不搞一刀切”[①]。当然，“坚持共同但有区别的责任等原则，不是说发展中国家就不要为全球应对气候变化作出贡献了，而是说要符合发展中国家能力和要求”[②]，发展中国家要立足行动，抓好成果落实，根据本国国情，提出应对气候变化的自主贡献。

第二，要促使发达国家严格落实责任和义务。气候变化是全球性挑战，任何一国都无法置身事外。“对气候变化等全球性问题，如果抱着功利主义的思维，希望多占点便宜、少承担点责任，最终将是损人不利己”[③]，各国应该摈弃零和博弈狭隘思维，推动各国尤其是发达国家多一点共享、多一点担当，实现互惠共赢。具体而言，发达国家要履行在资金和技术方面的义务，落实到2020年每年提供1000亿美元的承诺，2020年后向发展中国家提供更加强有力的资金支持。此外，还应该向发展中国家转让气候友好型技术，帮助其发展绿色经济。只有增强发展中国家应对气候变化能力，才能弥补全球温室气体减排的发展短板，创造一个各尽所能、合作共

① 《习近平关于社会主义生态文明建设论述摘编》，北京：中央文献出版社2017年版，第135页。

② 《习近平关于社会主义生态文明建设论述摘编》，北京：中央文献出版社2017年版，第132页。

③ 《习近平谈治国理政》第二卷，北京：外文出版社2017年版，第529页。

赢的未来。

第三，要推动国际气候协约早日落实。习近平指出：“《巴黎协定》符合全球发展大方向，成果来之不易，应该共同坚守，不能轻言放弃。这是我们对子孙后代必须担负的责任！”[①]为推动《巴黎协定》早日生效和全面落实，关于协约的实施细则“应该有利于实现公约目标，引领绿色发展，既要有效控制大气温室气体浓度上升，又要建立利益导向和激励机制，推动各国走向绿色循环低碳发展，实现经济发展和应对气候变化双赢”；“应该有利于凝聚全球力量，鼓励广泛参与。协议应该在制度安排上促使各国同舟共济、共同努力。除各国政府，还应该调动企业、非政府组织等全社会资源参与国际合作进程，提高公众意识，形成合力”；“应该创造一个奉行法治、公平正义的未来。要提高国际法在全球治理中的地位和作用，确保国际规则有效遵守和实施，坚持民主、平等、正义，建设国际法治”；“应该创造一个包容互鉴、共同发展的未来。面对全球性挑战，各国应该加强对话，交流学习最佳实践，取长补短，在相互借鉴中实现共同发展，惠及全体人民”[②]。

① 《习近平谈治国理政》第二卷，北京：外文出版社2017年版，第481页。

② 《习近平谈治国理政》第二卷，北京：外文出版社2017年版，第528–529页。

参考文献

著作：

1.《马克思恩格斯文集》第1卷，人民出版社2009年版。

2.《马克思恩格斯文集》第4卷，人民出版社2009年版。

3.《马克思恩格斯文集》第5卷，人民出版社2009年版。

4.《马克思恩格斯文集》第7卷，人民出版社2009年版。

5.《马克思恩格斯文集》第8卷，人民出版社2009年版。

6.《马克思恩格斯文集》第9卷，人民出版社2009年版。

7.《习近平谈治国理政》第一卷，外文出版社2018年版。

8.《习近平谈治国理政》第二卷，外文出版社 2017 年版。

9.《习近平谈治国理政》第三卷，外文出版社 2020 年版。

10.《习近平谈治国理政》第四卷，外文出版社 2022 年版。

11.《习近平关于科技创新论述摘编》，中央文献出版社 2016 年版。

12.《习近平关于全面深化改革论述摘编》，中央文献出版社 2014 年版。

13.《习近平关于社会主义生态文明建设论述摘编》，中央文献出版社 2017 年版。

14.《习近平关于总体国家安全观论述摘编》，中央文献出版社 2018 年版。

15. 习近平：《摆脱贫困》，福建人民出版社 1992 年版。

16. 习近平：《干在实处走在前列——推进浙江新发展的思考与实践》，中共中央党校出版社 2006 年版。

17. 习近平：《携手建设更加美好的世界——在中国共产党与世界政党高层对话会上的主旨讲话》，人民出版社 2017 年版。

18. 习近平：《之江新语》，浙江人民出版社 2007 年版。

19. 习近平：《论坚持人与自然和谐共生》，中央文献出版社2022年版。

20. 中共中央宣传部、中华人民共和国生态环境部：《习近平生态文明思想学习纲要》，人民出版社2022年版。

21.《中共中央关于全面深化改革若干重大问题的决定》，人民出版社2013年版。

22.《中国共产党第十九届中央委员会第四次全体会议文件汇编》，人民出版社2019年版。

23. 郝全洪主编：《新时代经济关键词（2019）》，人民出版社2019年版。

24. 慎海雄主编：《习近平改革开放思想研究》，人民出版社2018年版。

25. 新华社中央新闻采访中心：《2019全国两会记者会实录》，人民出版社2019年版。

26. 新华月报编：《新中国70年大事记（1949.10.1—2019.10.1）》，人民出版社2020年版。

27. 陶良虎等：《美丽中国：生态文明建设的理论与实践》，人民出版社2014年版。

28. 环境保护部：《向污染宣战：党的十八大以来生态文明建设与环境保护重要文献选编》，人民出版社2016年版。

29. 方世南：《马克思恩格斯的生态文明思想——基

于〈马克思恩格斯文集〉的研究》，人民出版社 2018 年版。

30. 黄承梁：《新时代生态文明建设思想概论》，人民出版社 2018 年版。

31. 全国干部培训教材编审指导委员会：《推进生态文明 建设美丽中国》，人民出版社 2019 年版。

32. 王传发、陈学明主编：《马克思主义生态理论概论》，人民出版社 2020 年版。

33. 曹立、郭兆晖编著：《讲述生态文明的中国故事》，人民出版社 2020 年版。

34. 郭兆晖：《我国生态文明制度体系研究》，人民出版社 2021 年版。

35. 刘旭等主编：《中国生态文明建设发展研究报告》，科学出版社 2022 年版。

36. 刘思华：《马克思主义生态经济学原理》，人民出版社 2023 年版。

论文：

1. 习近平：《全面提高依法防控依法治理能力，健全国家公共卫生应急管理体系》，《求是》2020 年第 5 期。

2. 习近平：《推动我国生态文明建设迈上新台阶》，《求是》2019 年第 3 期。

3. 鲁品越：《〈资本论〉的生态哲学思想研究》，

《学习与探索》2015年第1期。

4. 张秀芬、包庆德：《马克思〈资本论〉生态思想及其论辩之争》，《自然辩证法研究》2016年第5期。

5. 卢宁：《从"两山理论"到绿色发展：马克思主义生产力理论的创新成果》，《浙江社会科学》2016年第1期。

6. 吴旭平、潘恩荣：《"两山"理论的制度性实在建构》，《自然辩证法研究》2017年第7期。

7. 李娟：《〈资本论〉中的自然观思想及其启示》，《教学与研究》2017年第1期。

8. 李娟：《习近平关于生态扶贫论述的逻辑理路及价值意蕴》，《治理现代化研究》2019年第11期。

9. 李娟：《中国生态文明制度建设40年的回顾与思考》，《中国高校社会科学》2019年第3期。

10. 李娟：《习近平关于生态安全的重要论述研究》，《鄱阳湖学刊》2021年第2期。

11. 栾永玉、林超琴：《马克思〈资本论〉生态思想再论析》，《学习与实践》2021年第3期。

12. 郭超：《习近平生态文明思想的天下情怀诠释》，《理论探索》2023年第3期。

13. 郇庆治：《论习近平生态文明思想的制度维度》，《行政论坛》2023年第7期。

后 记

本书源起于我2015年承担的北京市社科基金课题——“《资本论》及其手稿中的自然观研究”。最初，这仅是一份五万字的研究报告，我并未考虑将其出版。然而，随着这些年对我国生态文明建设实践案例的新思考，我不断地将这些内容融入课题成果中。岁月流转，这份报告已扩展至十万余字。

尽管研究《资本论》的学者众多，相关学术著作不胜枚举，但我一直试图找到新的角度和表达方式。近年来，由于一些机缘巧合，我涉足人文社科科普读物的创作。受到《21世纪资本论》热销的启发，我决定尝试以一个响亮的标题，借着这股热潮，将我的研究成果以科普读物的方式呈现给更广泛的读者。

当山西教育出版社的崔璨编辑来京与我商讨另一本

书的出版事宜时，我提及了这个想法，得到了她的热情支持和宝贵建议。在整个出版过程中，她反复与我沟通细节，力求使这本书更加完善。在此，对山西教育出版社和崔璨编辑表示深深的感激！

最后，诚挚欢迎全国读者踊跃提出宝贵意见，你们的反馈将激励我为推进马克思主义大众化事业继续贡献绵薄之力。